用故事的方式
學 數學

監修／中田壽幸

築波大學附屬小學教師 · 千葉算友會負責人

譯／蘇暐婷

審定／何美貞・余惠如

雙溪國小老師

4

3

2

1

　　本書大致分成3堂課。第1堂課是「神奇的數學課」，舉凡上數學課時，讓你感到「很奇怪、不可思議」的地方，在這個章節都會告訴你該如何解決。

　　第二堂課是「有趣的數字與神奇的數字」，有些數字是在國小數學課就會出現，有些則要到國中或高中才會學到，難度比較高一點，但是每一種都是根據國小學生實際上的數學課來編纂的。

　　第三堂課是「好玩的應用題」，這些應用題都是從以前流傳下來的，雖然比較困難，但是當你解開的時候，一定會出現「應用題好好玩、數學真有趣」的愉悅感覺。

　　人只要把不可思議、一頭霧水的地方搞懂，就會逐漸成長。希望你讀完這本書後，也能體會到數學解題的樂趣。

目　錄

第 3 課　好玩的應用題

第 1 課

神奇的數學課

一起買和分開買，價格卻一樣？
——認識分配律

你曾經在出外旅行購買名產時，遇到這樣的經驗嗎？

你和朋友兩人，各買了一盒500元的點心。隔天又有3人各買了同樣500元的點心。

「集中在同一天買，會不會比較便宜啊？」

「分開買，付的錢也一樣多啊。」

究竟每個人付的金額有沒有不同呢？

我們把圖案畫下來整理一下吧。

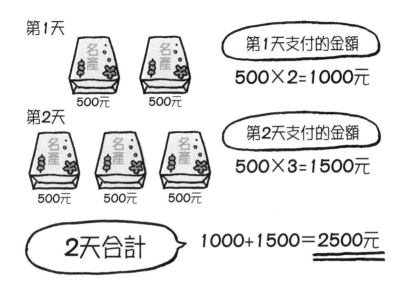

把圖畫好後，會發現第一天花的錢是1000元，第2天花的錢是1500元，合計共花了2500元買名產。

那麼，如果所有人都在第一天買名產，一共要花多少錢呢？

2人加上3人，一共是5人，買5人份的名產，就是把500元乘以5，總共2500元。

名產一共
買5人份

$$500 \times 2 + 500 \times 3$$
$$= 500 \times (\underline{2 + 3})$$
$$= 500 \times 5$$
$$= 2500$$

嗯

　　可見不論分開買，還是合在一起買，花的價錢都是一樣的（當然，有些店會打折，那就另當別論了）。

　　這就是乘法的分配律。像右頁一樣，把減法組合起來後再乘，也是成立的。

　　由於這是乘法，所以把乘數和被乘數對調，答案也不會變。運用這項性質，就可以把$2 \times 5 + 5 \times 8$之類的算式合併起來計算。

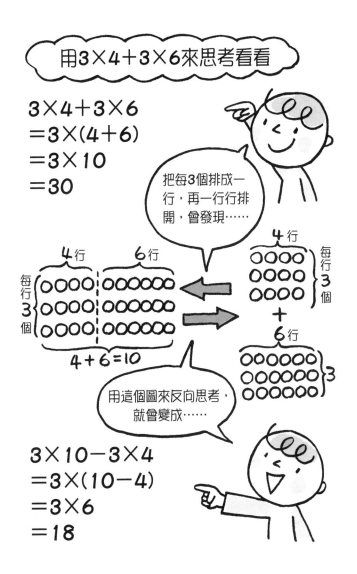

用3×4+3×6來思考看看

$3 \times 4 + 3 \times 6$
$= 3 \times (4+6)$
$= 3 \times 10$
$= 30$

把每3個排成一行，再一行行排開，會發現……

4行　6行

每行3個

$4+6=10$

4行

每行3個

+

6行

3

用這個圖來反向思考，就會變成……

$3 \times 10 - 3 \times 4$
$= 3 \times (10-4)$
$= 3 \times 6$
$= 18$

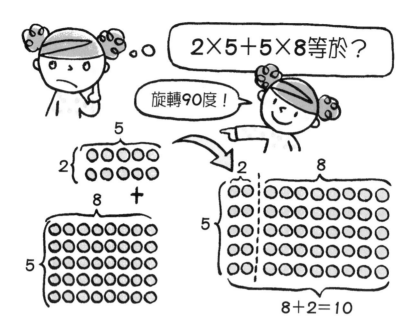

　　像上圖一樣，把2×5的圖旋轉90度，看起來就會變成5×2，這樣就可以和剛才的算式一樣合併起來計算了。把5乘以2和8的總和，也就是10，就會得出50。

　　接著，我們再用數字比較大的算式，18×67+18×33來思考看看。跟剛才一樣，只要把67加上33變成100，再乘以18就可以了，算式如右頁圖。

也就是這樣！

$$2 \times 5 + 5 \times 8$$
$$= \underline{5 \times 2} + 5 \times 8$$
$$= 5 \times (2 + 8)$$
$$= 5 \times 10$$
$$= 50$$

$$18 \times 67 + 18 \times 33$$
$$= 18 \times (67 + 33)$$
$$= 18 \times 100$$
$$= 1800$$

動手算算看！

像這樣運用分配律，會有什麼優點呢？

「只要一個算式就能算完，能減少錯誤率。」

「算的速度會變快。」

「把數字合起來變成漂亮的整數，算起來就會變得比較輕鬆。」

沒錯。而實際在日常生活中，分配律也會派上用場。

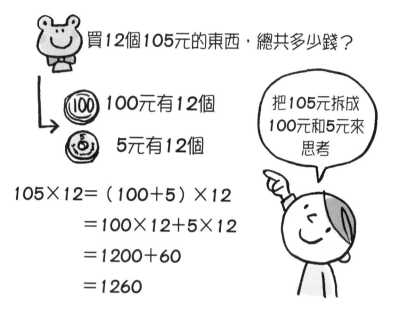

買12個105元的東西，總共多少錢？

100元有12個

5元有12個

把105元拆成100元和5元來思考

$$105 \times 12 = (100 + 5) \times 12$$
$$= 100 \times 12 + 5 \times 12$$
$$= 1200 + 60$$
$$= 1260$$

例如，到日本的百元商店（含稅105元）買12樣東西時，光靠心算要把總金額算出來，實在很困難。可是如果像右頁一樣，把105元拆成100元和5元，就能輕鬆求出總額了。12個100元是1200元，12個5元是60元，把這兩者加起來是1260元，也就是總共要花費的錢。

這麼一來，看似七零八落的數字，在計算的時候也能變得輕鬆愉快了。希望大家在算數學時，都能順利湊到10或100再來計算。

數學小提醒

1. 算乘法時，把乘數與被乘數對調，答案也不會變。

2. 只用一個算式就能算完，能減少錯誤率。

3. 把數字合起來變成漂亮的整數，算起來就會比較輕鬆。

為什麼乘比1小的數字，
答案會變小？

「老師，我還是不懂。」

美智子一行人進入導師室，劈頭就問了起來。

「乘法的答案應該會變大，可是乘了小數，有時答案卻會變小。何況現實生活中根本不可能乘以小數，像是每盤有4顆蘋果，共有2.3盤，全部就有4×2.3，也就是9.2顆蘋果，這根本不可能發生嘛！」

「不可能嗎？」

2.3盤蘋果？

9.2顆蘋果？

　　話可不能這麼說。2.3盤蘋果、9.2顆蘋果實際上是什麼樣子，想像起來的確比較困難，那我們就用以下的問題換個方式思考好了。

　　假設緞帶1公尺80元，試求買緞帶□公尺時，必須花多少錢。

　　□中填入哪些數字，會比較好懂呢？

　　先填1公尺試試看。1公尺80元的緞帶，買1公尺是80元，即使不列算式也很清楚，就是80×1＝80。

接著是2公尺。1公尺80元的緞帶，買2公尺是160元，算式是80×2＝160。

然後是3公尺。1公尺80元的緞帶，買3公尺是240元，算式是80×3＝240。

「整數還好，可是乘小數就很難懂。」有小朋友抗議道。那麼我們把整數換成小數看看吧。

1公尺80元的緞帶，買了2.3公尺，該付多少錢呢？讓我們用80×2.3來計算。

「老師，這裡我有點不懂。2.3公尺要怎麼乘呢？」

對小朋友而言，乘法單位的確很容易混淆。

80元的緞帶要怎麼乘以2.3公尺？「元」乘以「公尺」又會變成什麼？

「既然用2.3公尺比較不好懂，那就換回之前的數字。2公尺是1公尺的2倍，3公尺是1公尺的3倍，算式會寫80×2、80×3。同樣的，把2.3公尺想成1公尺的2.3倍，就會得出80×2.3的算式。」

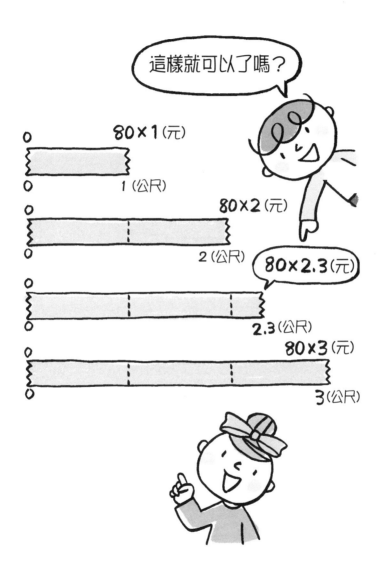

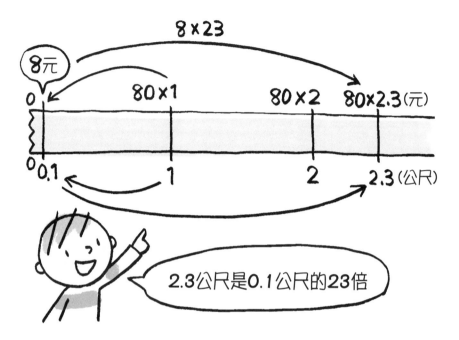

沒錯，這裡要乘的不是2.3公尺，而是80元的2.3倍，這樣一想，80×2.3這個乘法算式就很好懂了。

2.3公尺的價格，還可以想像成是0.1公尺價格的23倍。1公尺的價格是80元，所以0.1公尺的價格是8元。8×23等於184元。2公尺是160元，2.3公尺比它多一點，所以184元看起來很合理。

「我知道乘小數的時候，可以用小數倍的概念去思

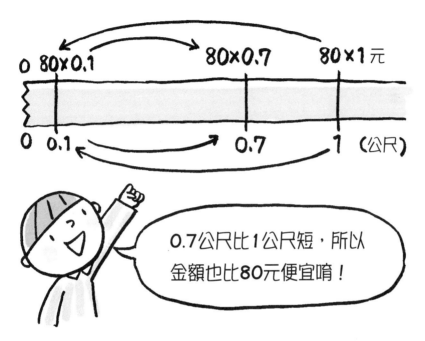

考。可是這畢竟是乘法啊,就算是小數,乘起來答案應該也要變大,可是有時候乘起來卻會變小,這點我實在想不通。」高志說道。

那麼,我們來思考看看乘數比1還小時,會是什麼情況吧。1公尺80元的緞帶,只買0.7公尺時,要付多少錢呢?

「1公尺80元,所以0.7公尺的價格……啊!會比80元便宜。」

　　以1公尺的0.7倍來思考，算式就會變成80×0.7。然後，0.1公尺是8元，7倍就是56元。0.7公尺比1公尺短，所以當然會比較便宜囉。用圖案表示，就會像21頁一樣。

　　比1小，代表不滿1份，所以答案會比1份的時候還小。

　　至於蘋果每盤4顆，共2.3盤，意思就是1盤有4顆蘋果，總共有2盤又多一點點，是1盤的2.3倍。用2.3倍來思考，就會得出4顆蘋果×2.3等於9.2顆蘋果的答案了。

　　遇到倍數問題時，不論小數還是整數，用的都是相同的倍數概念，只不過乘以比1小的小數時，因為不滿1份，所以答案會變小。

數學小提醒

1. 比1小，代表不滿一份，所以答案會比一份還小。

2. 本篇題目中，2.3公尺的價格，可以想像是0.1公尺價格的23倍；而1公尺的價格是80元，所以0.1公尺的價格是8元。

3. 遇到倍數時，不論小數或整數，用的都是倍數的概念。

要怎麼除以小數？

　　某天，娜娜子正在幫媽媽一起準備晚會要送的禮物。她把包好的禮物盒放進大的箱子裡，用包裝紙仔細包好。就在這時候，媽媽發現忘記買緞帶了。

　　「我幫妳買！」

　　娜娜子立刻出發到文具店，店裡有紅色、黃色、橘色，以及有花紋的緞帶。

　　「要買紅色的緞帶呢？還是買格子圖案的呢？」

娜娜子買了每公尺價格90元的格子緞帶一卷，回家後，她馬上和媽媽一起把緞帶綁在禮物盒上，結果1盒禮物就用掉了2.5公尺的緞帶。

一卷緞帶的總長是15公尺，於是娜娜子和媽媽就把緞帶裁成每段2.5公尺。

「15公尺的緞帶可以裁成幾條2.5公尺的緞帶呢？15除以2.5是……」

娜娜子一聽媽媽在除小數，嚇了一跳。「把總長15公尺的緞帶，除以2.5，就可以求出共能裁成多少條2.5公尺的緞帶。」

15除以2.5是6。實際把緞帶每2.5公尺裁成1段後，會發現1卷緞帶總共剪成了6小條緞帶。

結果緞帶並不夠用，於是娜娜子又去了一趟文具店。

「這次買不同花色的緞帶好了。如果一開始就買2.5公尺的緞帶，回家就不用裁了，比較輕鬆。」於是娜娜子買了很多條2.5公尺水藍色的緞帶回家。2.5公尺的水藍色緞帶是200元。

「一開始買的格子緞帶和水藍色緞帶，哪種比較貴呢？」娜娜子開始思考。

「2.5公尺200元，那5公尺就是400元了。」

400除以5，等於1公尺80元。

「用5來除，可以求出1公尺的價格，那用2.5這樣的小數來除，也可以求出1公尺的價格嗎？」娜娜子覺得很不可思議。

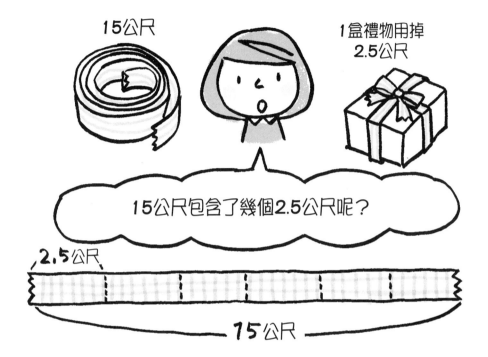

當娜娜子問媽媽這個問題後，媽媽回答她：「水藍色緞帶25公尺的價格是2000元。」

2.5公尺是200元，所以25公尺就是2000元，兩者1公尺的價格都相同。

200除以2.5，和2000除以25的答案是一樣的，所以用2.5這樣的小數，也可以求出1公尺的價格。

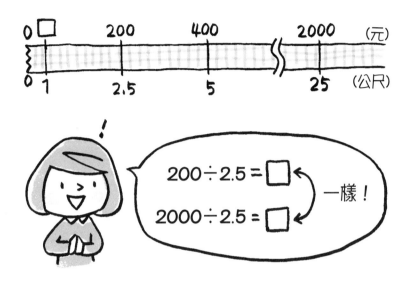

「那用2.5除，到底要怎樣才能算出1公尺的價格呢？」

把整體的長度除以2.5，可以求出一卷緞帶總共包含了多少個2.5公尺。把2.5公尺的價格再除以2.5，就能得到1公尺的價格了。聽完後，娜娜子覺得除小數真的好有趣。

同樣的思考模式，還可以套用在以下範例。

當你知道2.5公斤重的水管長度時，把長度除以2.5，就

能求出水管1公斤時的長度；知道2.5分升的油漆可以塗的面積後，將面積除以2.5，就能求出油漆1分升所能塗的面積。

換言之，除以2.5，相當於求出1份的量（單位量）。當然，除了2.5以外，別的小數也可以用同樣的方式來除。

和除以整數時，求出每1人、每1份的量（單位量）相同，除以小數同樣可以求出每1人、每1份的量（單位量）。

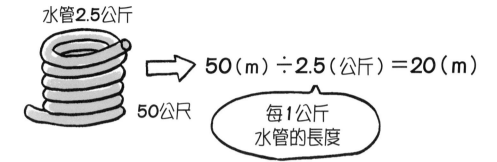

水管2.5公斤

50公尺

$50（m）÷2.5（公斤）＝20（m）$

每1公斤
水管的長度

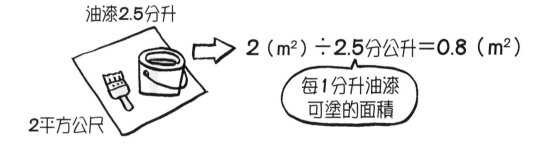

油漆2.5分升

2平方公尺

$2（m^2）÷2.5分公升＝0.8（m^2）$

每1分升油漆
可塗的面積

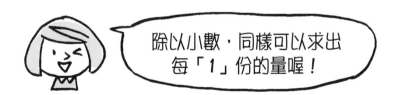

除以小數，同樣可以求出
每「1」份的量喔！

為什麼分數相加時，
分母不用加在一起？

來計算一下「$\frac{1}{5}+\frac{2}{5}$」吧！這個算式的答案是多少呢？

「把分子加分子，分母加分母就好了啊！分子是1＋2

等於3，分母是5＋5等於10，所以答案是$\frac{3}{10}$。」

讓同屬性的東西相加，把分子和分子加在一起，分母
與分母加在一起……其實這樣的想法並沒有錯。

「可是等一下，這明明是加法，答案卻減少了。」

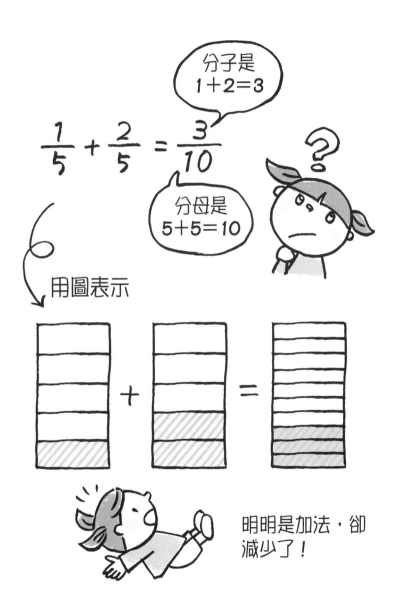

分子是
1＋2＝3

$$\frac{1}{5} + \frac{2}{5} = \frac{3}{10}$$

分母是
5＋5＝10

用圖表示

明明是加法，卻減少了！

這到底是怎麼一回事呢？

讓我們先來思考一下分數的定義。

分數就是「□等份中有△份」的意思，寫成△／□。例如 $\frac{3}{5}$ 這個分數的分母是5，就代表「1個東西被分成5等份」，分子是3，則代表「有3份」。換句話說，分母就是「怎麼分」，分子就是「有幾份」。

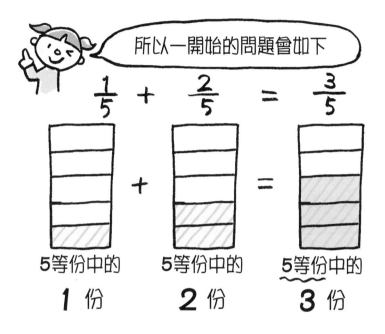

「原來是這樣啊。分母的意思是『5等份』，所以不能相加。」

「只要加『有幾份』的分子就好，所以答案是 $\frac{3}{5}$。」

沒錯。就像上面的圖例一樣，當分母相同的分數相加，只要把代表「有幾份」的分子加起來就可以了。

那麼，如果分母不一樣，要怎麼把分數加起來呢？下面以 $\frac{1}{2}+\frac{1}{3}$ 為例，一起來思考看看吧。

「和分母相同的分數相加時一樣，把分子加起來就可以了吧？」

「那分母該怎麼辦？$\frac{1}{5}+\frac{2}{5}$，兩邊的分母都是5所以沒關係，可是這次的分母是2和3，有2種耶……」

看來小朋友發現有趣的地方了。$\frac{1}{2}$ 與 $\frac{1}{3}$ 的分法是不一樣的。$\frac{1}{2}$ 代表1個東西被分成2等份，$\frac{1}{3}$ 代表1個東西被分成3等份，畫成圖如右頁。

$\frac{1}{2}$ 和 $\frac{1}{3}$ 雖然各有1份，但是大小卻不相同。這1份的大小，我們稱作單位。也就是説，單位不同的東西，是不能相加的。

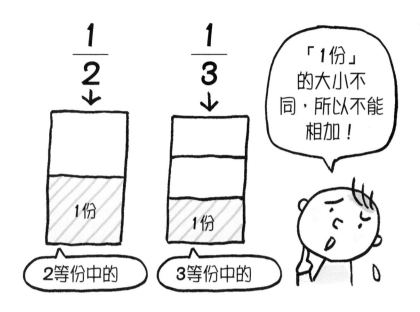

「嗯，把不同單位的東西加在一起的確很奇怪。」

「那該怎麼辦呢？」

「讓單位一致不就好了嗎？」

把不同的東西變成相同的東西……這樣想法非常好，讓我們來試試看吧。

「2和3的最小公倍數是6，所以應該可以把分母變成6吧？」

要把分母變成6，首先得把 $\frac{1}{2}$ 的分子和分母都乘以3，變成 $\frac{3}{6}$。接著用同樣的方法，把 $\frac{1}{3}$ 的分子和分母乘以2，變成 $\frac{2}{6}$。這樣分母就相同了，答案就會變成 $\frac{3}{6} + \frac{2}{6} = \frac{5}{6}$。

「乘了3倍，分數不會變大嗎？」

請在腦海中想像1個圓形的蛋糕，不論把蛋糕切成2等份、3等份，還是6等份，蛋糕的大小都不會變，變的只是蛋糕的分法而已。

就像這樣，分母代表的是「分法」，「分法」不同的時候，讓「分法」一致，也就是讓分母相同，就是分數相加的關鍵。

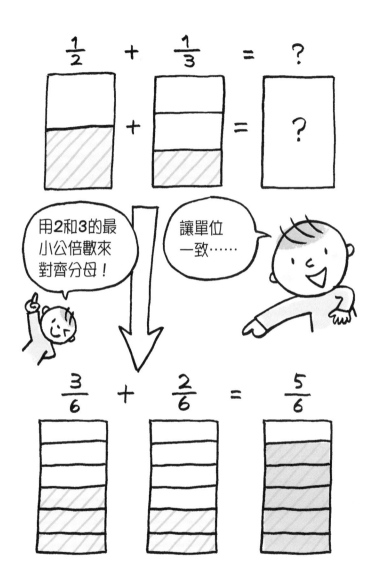

時速40公里和時速60公里的平均速率，是時速50公里？

現在你要坐車，去距離你家120公里遠的親戚家玩。去的時候，車子的時速是40公里，回來的時候，車子的時速是60公里。那麼去程和回程的平均速率，是時速多少公里呢？

既然距離是一樣的⋯⋯，那平均速度當然就是40加60除以2，等於時速50公里囉。

咦，等一下，如果去程和回程的距離總共是240公里，那以時速50公里移動，花的時間就會像上圖，是4.8小時。

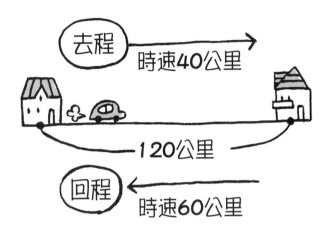

　　可是，實際上花的時間，卻是去程120公里除以40公里，等於3小時；回程是120公里除以60公里，等於2小時。去程2小時加回程3小時，總共是5小時。

　　那就代表，平均速率不是時速50公里。那真正的平均速率又是時速幾公里呢？在思考這題的答案前，先讓我們來了解一下什麼是速率吧。

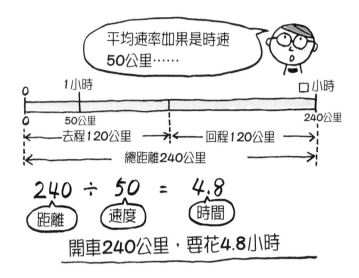

平均速率如果是時速50公里……

0　1小時　　　　　　　　　　　　□小時

0　50公里　　　　　　　　　　　240公里

去程120公里　　回程120公里

總距離240公里

$$240 \div 50 = 4.8$$

距離　　速度　　時間

開車240公里，要花4.8小時

實際花的時間是……

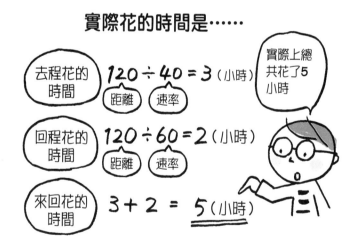

實際上總共花了5小時

去程花的時間　　$120 \div 40 = 3$（小時）
距離　速率

回程花的時間　　$120 \div 60 = 2$（小時）
距離　速率

來回花的時間　　$3 + 2 = 5$（小時）

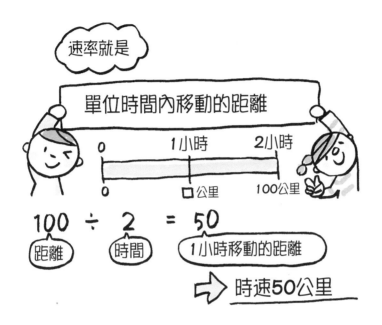

相信大家都已經學過了，速率就是單位時間內移動的距離。例如，100公里的距離花了2小時移動，就會像上圖一樣，每1小時移動50公里，而這每1小時移動50公里的速度，就會寫成時速50公里。所以，速率可以透過「距離」與「花費的時間」來求得。

那麼，前面那題的平均速率又該怎麼算呢？讓我們再一次思考看看。

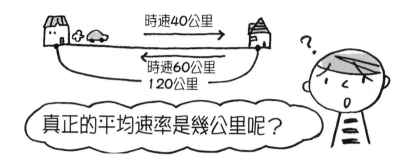

真正的平均速率是幾公里呢？

往返距離
120＋120＝240（公里）

往返所耗費的時間

去程　120÷40＝3 ⎫
回程　120÷60＝2 ⎭ 往返 3+2 =5
　　　　　　　　　　　　（小時）

平均速率

240 ÷ 5 = 48
距離　　時間　　速率

時速48公里

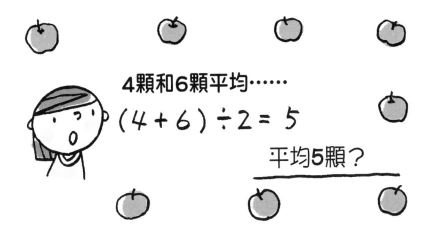

4顆和6顆平均……

$$(4 + 6) \div 2 = 5$$

平均5顆？

按照左圖的方式整理，就能得知240公里的距離，共花了5小時移動。再來只要想想每1小時會移動多少距離就可以了。把240除以5，答案就是時速48公里。

同樣的，有些東西直接相加除以2，一樣無法得到平均值，那就是大家在5年級會學到的平均數。

例如以下這個問題。

有一堆蘋果，你在前3天每天吃了4顆，之後2天每天吃了6顆，平均下來每天到底吃了幾顆？

　　你可能會想，既然是4顆和6顆的平均值，那就把兩者加起來除以2等於5顆就好啦。可是，實際上的平均值卻是4.8顆。為什麼會這樣呢？一起來動動腦吧。

　　前面3天的平均值是4顆，所以3天總共吃了12顆蘋果；後面2天的平均值是6顆，所以2天總共吃了12顆蘋果。換句話說，5天總共吃了24顆蘋果，那麼1天吃的平均值，就是24除以5，共4.8顆蘋果。

　　可見把2種速率或平均值合起來除以2，是無法求出正確平均值的，相加起來並沒有意義。

　　例如，把濃度10％的食鹽水與20％的食鹽水混合，並不會變成濃度30％的食鹽水。像這種無法相加的量，稱為「內涵量」，速率、平均值，都屬於內涵量。

　　相對的，可以相加的量，則稱為「外延量」。例如，把50公升的水和60公升的水相加，就會變成110公升。除了體積以外，長度、重量、面積，都屬於外延量。

1天吃4顆蘋果，
連續吃3天
⇩
3天合計12顆

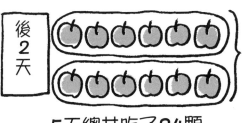

1天吃6顆蘋果，連
續吃2天
⇩
2天合計12顆蘋果

5天總共吃了24顆

1天平均4.8顆

把2公尺的緞帶平分給3人時，為什麼每人不是得到$\frac{1}{3}$公尺？

老師拿出了一條緞帶貼在黑板上。

「現在有1條2公尺的緞帶，要把這條緞帶平均分給3個人，那麼1個人可以分到幾公尺呢？」

俊也回答：「分成3份，每人拿1份，所以是$\frac{1}{3}$。每個人可以拿到$\frac{1}{3}$公尺。」

他一說完，老師就在黑板上寫下$\frac{1}{3}$公尺當作答案。

「沒錯！」好多小朋友也應聲回答。

「算式怎麼寫呢？」老師詢問。

「2公尺分給3個人，所以是2÷3。」大家齊聲答道。

於是老師在黑板上寫下了上圖的算式。

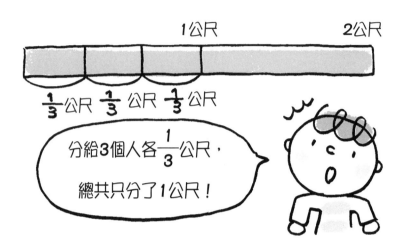

「答案是 $\frac{1}{3}$ 公尺，用小數表示，就是0.333……所以……」

老師說著拿出剪刀，放在超過33公分一點點的地方，打算剪斷緞帶。

「那我們各剪 $\frac{1}{3}$ 公尺，分給3個人吧。」

「咦，等一下……」

這次把2公尺分成3等份吧！

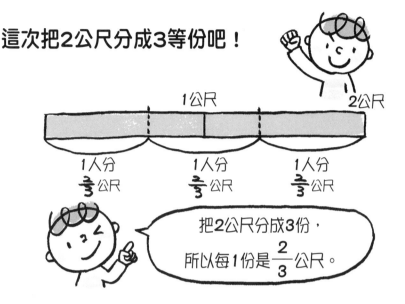

「怎麼啦？」

「分給3個人各$\frac{1}{3}$公尺，合起來也只有1公尺啊！這樣還會剩下1公尺。」

「真的耶，所以1人份不是$\frac{1}{3}$公尺囉？」

如果每$\frac{1}{3}$公尺剪成1段，分給3個人，的確只分掉了1公尺。為什麼會這樣呢？

讓我們用圖例來檢查一下吧。先把2公尺畫成數線，再分成3等份看看。但是3等份除不盡，不是很好分。

「2÷3＝0.666……所以1人分是0.666……公尺。比1公尺的一半還要長一點。」俊也想求小數，但是怎麼樣也除不盡。

「用分數表示，就是比$\frac{1}{2}$公尺稍長一點……，也就是$\frac{2}{3}$公尺。大概是這樣的感覺吧。」俊也邊說邊在圖上寫下數字。

「把2公尺分成3份，1份就是$\frac{2}{3}$公尺。」

「一開始我說的$\frac{1}{3}$公尺，只有把1公尺分成3等份。所以即使是3人份，也只有1公尺。」

「現在把2公尺分成3等份，相當於把1公尺分成3等份時的2倍，所以會變成$\frac{2}{3}$公尺。」夢香接著說道。

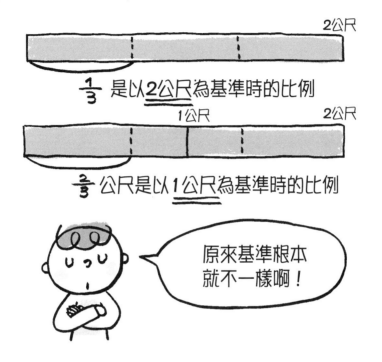

$\frac{1}{3}$ 是以2公尺為基準時的比例

$\frac{2}{3}$ 公尺是以1公尺為基準時的比例

原來基準根本就不一樣啊！

「原來不是把1公尺分成3等份，而是把2公尺分成3等份。」

「原來一開始就把基準弄錯了，才會變成$\frac{1}{3}$公尺。」

把2公尺分成3等份時寫的「$\frac{1}{3}$」條，是指以「2公尺」

1條為基準時的比例。相對的，把2公尺分成3等份時，由於每段長度佔了「1公尺」的 $\frac{2}{3}$，所以答案是 $\frac{2}{3}$ 公尺。

像這種表示比例的分數，如果不弄清楚分配的基準，量就會改變，一定要特別小心。

以剛才老師出的問題來答，解答的算式就是 $2 \div 3 = \frac{2}{3}$。

「2÷3的被除數會變成分子，除數會變成分母。」

沒錯。除法也可以用分數來表示，被除數會寫成分子，除數則會寫成分母。

那麼，讓我們來做一下練習題吧。2÷7是除不盡的，但可以用分數來表示，它會變成什麼樣子呢？

答案是 $\frac{2}{7}$。那3÷11呢？答案是 $\frac{3}{11}$。

遇到除不盡的除法時，用分數來寫答案，就可以把答案完整地標示出來了。分數還真方便呢！

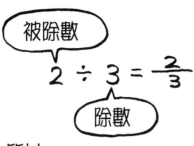

所以

$$2 \div 7 = \frac{2}{7}$$

$$3 \div 11 = \frac{3}{11}$$

即使除不盡，
也可以用分數表示。

為什麼除分數的時候
要倒過來乘呢？

現在來練習一下除法吧！

「6顆橘子要分給3個人，1個人可以分到幾顆呢？」

這題的算式是6÷3＝2，屬於除法。

「8平方公尺的牆壁，可以用2公升的油漆粉刷完，那麼1公升的油漆可以粉刷多少平方公尺的牆壁？」

這題的算式是8÷2＝4，看來油漆問題也屬於除法。

再來要問問題了：橘子那題除完之後，會求得什麼？

「每一人可以拿到的橘子數量。」

沒錯,那油漆呢?

「每一公升可以粉刷的面積。」

答對了。除法的目的,就是要求出每一人或每一公升時,「1」單位的大小含量,像橘子這題就是要求6÷3＝□÷1時,□的多寡。

6÷3要怎樣才能變成□÷1呢？

「算除法的時候，被除數和除數可以乘以相同的數字或除以相同數字。」

「所以，只要兩邊都除以3就可以了。」

「也可以乘以$\frac{1}{3}$喔。」

「這樣就會變成6÷3＝2÷1。答案是2。」

那我們接著來看下面這道問題。

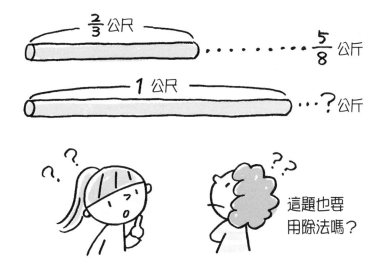

有一根長$\frac{2}{3}$公尺，重$\frac{5}{8}$公斤的鐵棍，試問同樣的棍子長

1公尺時，重達幾公斤？

這題該怎麼算呢？

「一出現分數就變得好複雜，這題也是除法嗎？」

讓我們來回憶剛剛討論過的定義。除法是什麼呢？

「求出每1單位含量多寡的算式！」

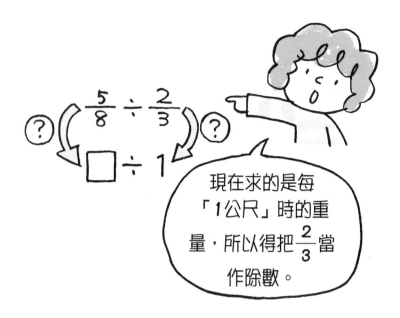

$$\frac{5}{8} \div \frac{2}{3}$$

？ → □ ÷ 1 ← ？

現在求的是每「1公尺」時的重量，所以得把 $\frac{2}{3}$ 當作除數。

　　沒錯。那麼，這道問題在問什麼呢？

　　「鐵棍1公尺時的重量。啊，所以這題也是在問每1單位的含量多寡，那就要用除法來算。『1』的那方要當作除數，所以算式就是 $\frac{5}{8} \div \frac{2}{3}$。」

　　那麼，$\frac{5}{8} \div \frac{2}{3}$ 該怎麼算呢？

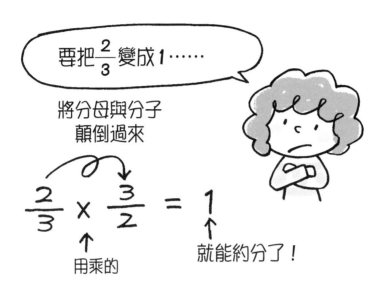

「除法就是把算式變成□÷1，所以只要將$\frac{2}{3}$變成1就好了。」

「$\frac{2}{3}$要變成1，就要乘以$\frac{3}{2}$。」

「分數只要乘以和自己顛倒的數，就會變成1。」

「所以不論是被除數還是除數，只要同時乘以$\frac{3}{2}$就可以了。」

那麼，我們按照上一頁的方法，實際算算看吧！

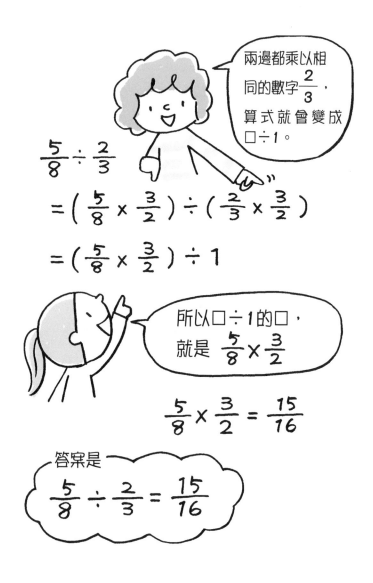

兩邊都乘以相同的數字 $\frac{2}{3}$，算式就會變成 $\square \div 1$。

$\frac{5}{8} \div \frac{2}{3}$

$= \left(\frac{5}{8} \times \frac{3}{2} \right) \div \left(\frac{2}{3} \times \frac{3}{2} \right)$

$= \left(\frac{5}{8} \times \frac{3}{2} \right) \div 1$

所以 $\square \div 1$ 的 $\square$，就是 $\frac{5}{8} \times \frac{3}{2}$

$\frac{5}{8} \times \frac{3}{2} = \frac{15}{16}$

答案是

$\frac{5}{8} \div \frac{2}{3} = \frac{15}{16}$

「好神奇喔！$\frac{5}{8} \div \frac{2}{3}$ 竟然會變成 $\frac{5}{8} \times \frac{3}{2}$！」

「想不到用乘法居然可以求出除法的答案，數學真是有趣！」

「這就表示，分數的除法，只要把除數的分母和分子倒過來乘，答案就會出來了。」

「為了讓□÷1的『1』出現，記得一定要把除數倒過來乘才行。」

我想大家一定都聽過，分數的除法就是「把分子和分母倒過來乘」，可是為什麼要這麼做呢？原來這就是原因。

那麼，只有在計算分數的時候，才要倒過來乘嗎？其實一般整數的除法，也可以套用這個概念。例如，計算 $8 \div 2$ 的時候，把除數的 2（$\frac{2}{1}$）倒過來，變成 $\frac{1}{2}$，再乘上去，就會變成 $8 \times \frac{1}{2}$，和除法的時候一樣可以求出 4 的答案。倒過來乘的這個方法，可以說任何時候都適用。

第 2 課

有趣的數字與神奇的數字

數字的種類：
整數、小數、分數

你知道數字有哪些夥伴嗎？

我們可以把數字像下列一樣分門別類。

$0\ 1\ 2\ 3\ 4\ 5\ 6\ \cdots 11$	$0.1\ 0.2\ \cdots$	$\frac{1}{2}\ \frac{2}{2}\ \frac{3}{2}\ \cdots$
$12\cdots\cdots 99\cdots 10000$	$1.1\ 1.2\ \cdots\cdots 10.8\cdots$	$\cdots\frac{3}{6}\cdots\quad\frac{7}{6}$
$20000\cdots\cdots$	$123.5\cdots$	$\frac{12}{24}\cdots 1\frac{1}{6}\cdots$
		$10\frac{1}{5}\cdots$

像0123……這樣的數字叫作整數，10000與9999999也是整數唷。

跟0.1、0.2……一樣有小數點的數字，稱為小數。

這是小數點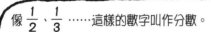

像 $\frac{1}{2}$、$\frac{1}{3}$ ……這樣的數字叫作分數。

$$\frac{1}{2} \leftarrow \text{分子}$$
$$\overline{2} \leftarrow \text{分母}$$

像 $\frac{1}{2}$ 或 $\frac{3}{6}$ 一樣，分子比分母小的分數，稱為真分數。

像 $\frac{3}{2}$ 或 $\frac{7}{6}$ 一樣，分子比分母大的分數，叫作假分數。

像 $2\frac{3}{5}$ 一樣的分數，稱為帶分數。

「為什麼數字一樣，大小卻完全不同呢？」

整數與小數是不是很相似呢？

「如果把小數點去除，看起來就完全一樣了。」

把點點去除後，11與1.1的大小就會相同，那是因為小數與整數都是由「十進位記數法」所組成的。

所謂十進位記數法，就是用0到9這10個數字，把某個數表現出來。當同樣的東西聚集10個以後，就會進位到下1位，因此當1有10個就會變成10，10有10個就會變成100，100有10個就會變成000……，依此類推。只要這樣組合下去，不論多大的數都可以標示出來。

當數字向左進1位，就會增大10倍，而這些位也會愈來愈大，從一、十、百、千、萬、十萬、百萬、千萬、一億、十億、百億、千億、一兆、十兆、百兆、千兆，到京……垓……秭……穰……溝……澗……正……載……極……恆河沙……阿僧祇……那由他……不可思議……無量大數。

反過來，若把1除以10，1份就是0.1，把0.1再除以10，1份就會變成0.01，再除以10，就是0.001……，依此推類，不論多小的位數都可以標示出來。

　　整數與小數的架構也是一樣的，10倍的時候，小數點
會往右移1位，10分之1時，小數點則會往左移1位。

　　「我知道整數與小數的架構是一樣的了，那麼分數
呢？」

　　分數的寫法雖然和整數與小數不同，但同樣會使用0到
9的數字來表示數的大小。

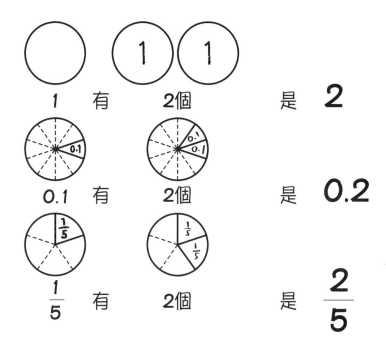

整數代表以「1」為單位時，共多少份；小數代表以 0.1或、0.01為單位時，共多少份；分數則是以單位分數為基準，來表示共多少份，例如 $\frac{2}{5}$ 就是2份的 $\frac{1}{5}$。

可見所有的數，都是以基準單位共多少份的方式來呈現的。

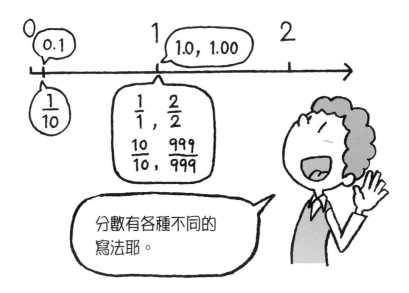

而不論整數、小數還是分數，都可以進行加法、減法、乘法、除法等運算。讓我們把整數、小數、分數標示在同一條數線圖上來觀察吧。

要標示「1」這個數字時，整數要寫成「1」，小數則寫成「1.0」或「1.00」（一般情況下，小數點以下的0不會寫出來）。

相對的，分數則有無限種寫法。不論寫成 $\dfrac{1}{1}$、$\dfrac{2}{2}$ 甚至 $\dfrac{10}{10}$、$\dfrac{999}{999}$，只要分母與分子相等，全部都代表「1」。

只要是整數能表現的大小，都可以用小數與分數來呈現，但分數所表現的數字，就不一定能用小數或整數來表現了。

為什麼是60？
從因數看數字的歷史

　　能將某數除盡的數，就是該數的因數，例如，4的因數有1、2、4這三個（請看右頁的圖），6的因數則有1、2、3、6這四個。

　　什麼樣的數字因數特別多呢？讓我們從1到100的數字來觀察看看。例如，24、60、100，這3個數字中，哪一個因數最多？

　　「1到100的數字中，應該是100的因數最多吧？」

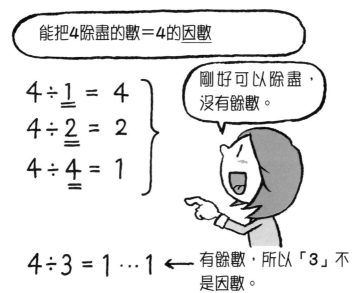

那我們來找出100的因數吧！

「首先是1……，啊，1是所有數字的因數。再來，每個數字本身都會是自己的因數，所以除了1以外的數字，所有的數一定都有2個因數。」

沒錯。那麼其它還有哪些數字也是100的因數呢？

「2可以除得盡。既然是用2除，那就代表2除出來的商數也是因數。」

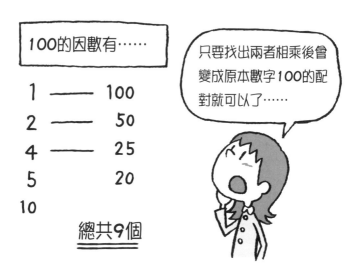

有小朋友發現有趣的地方了。因數就像（1跟100）、（2跟50）一樣，是成對存在的，兩者相乘就會變成原本的數。只要找出配對，就可以把因數一網打盡。

「所以因數的數量一定都會是偶數囉？4和25配對，5和20配對，10和10配對……，啊！有的配對兩個數字是一樣的。」

24的因數有……

沒錯。100可以用10×10這兩個一樣的數字相乘來表示，像這樣的數字就稱為平方數（四角數）。詳細的內容可以參考第90頁。

回到原本的問題，100的因數全部共有9個，而9是奇數，所以因數的數量也有可能是奇數。

接著，我們來看24的因數吧。

24比100小，那麼因數的數量也會比100小嗎？

60的因數有⋯⋯

1	60
2	30
3	20
4	15
5	12
6	10

　　寫出來之後，會發現24雖然比100小很多，因數卻總共有8個。

　　那60的因數呢？

　　如上圖，60的因數共有6組配對，所以總共是12個。

　　由此得知，24、60、100這3個數字中，因數最多的數字是60。

　　「這讓我想到1小時是60分鐘，1分鐘是60秒，時間是

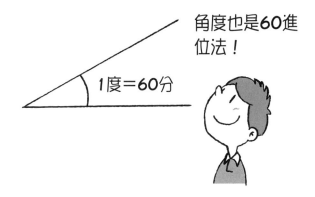

角度也是60進位法！

1度＝60分

以60為1單位。」

距今好幾千年以前，有個叫作<u>古巴比倫</u>的王國，王國內以60為一單位來運算數學，因為60的因數特別多，除起來很方便，這叫作六十進位法。1小時60分鐘的概念，就是源自<u>古巴比倫</u>王國。

其餘使用六十進位法的，還有角度單位。當角度比1度還小的時候，就會以「分」為單位。1度是60分，1度的60

1	11	21	31	41	51
2	12	22	32	42	52
3	13	23	33	43	53
4	14	24	34	44	54
5	15	25	35	45	55
6	16	26	36	46	56
7	17	27	37	47	57
8	18	28	38	48	58
9	19	29	39	49	59
10	20	30	40	50	

古巴比倫的數字

分之1⋯⋯光用看的真的會頭暈眼花。

　　古巴比倫人使用的楔形文字，包含了從1到59等數各自的文字（如上圖）。

　　再來就是天干地支，天干本身的意義就是60週年（當十干與十二支重疊，也就是十年週期與十二年週期重疊，就會是六十年週年）。這種算法源自於中國，而且同樣是

以60為一個單位。

從上述歷史來看，相信大家都會發覺60是一個很特別的數字。最後還有一個例子，說到「幸運數字」，你的腦海中會浮現什麼呢？我們常聽到人家說Lucky Seven，所以是7嗎？

在古巴比倫王國，7是不吉祥的數字，跟幸運八竿子打不著關係，而原因與因數有關。

「7是不吉祥的數字？這和60有關嗎？60的因數有，1、2、3、4、5、6……啊！從1開始數，7是第一個不是因數的數字。」

沒錯。所以古巴比倫人會在能夠被7整除的日子關店休息，也就7日、14日、28日……。有人認為，這就是1週被分成7天的由來。

只能被1和數字本身整除的數： 質數

曾經有一篇新聞，報導美國大學的研究學者，發現世界上最大的質數共有1742萬5170位數。

可是話說回來，到底是什麼質數呢？

質數，就是除了1以外的自然數，如2、3、4、5……等等，其因數只有1和自己的數字。

那麼，100以下有幾個質數呢？從右頁的1開始尋找質數到100，會發現4以上的偶數全部都可以被2除盡，所以不是質數。

1	2	3	4	5	6	7	8	9	10
11	12	13	14	15	16	17	18	19	20
21	22	23	24	25	26	27	28	29	30
31	32	33	34	35	36	37	38	39	40
41	42	43	44	45	46	47	48	49	50
51	52	53	54	55	59	57	58	59	60
61	62	63	64	65	66	67	68	69	70
71	72	73	74	75	76	77	78	79	80
81	82	83	84	85	86	87	88	89	90
91	92	93	94	95	96	97	98	99	100

從1到100的數字表

說明：藍色塊裡的數字就是質數喔！

　　換句話説，所有的質數，除了2以外，剩下的都在1以外的奇數中。這種思考模式稱為「埃拉托斯特尼篩法」，是一種能快速找出質數的著名方法。

　　回到剛才的問題，100以下的質數共有25個，那大於100的時候呢？求出所有的質數，是研究質數的數學家們共同的夢想。然而，儘管從希臘時代開始，人們就已經知道質數有無限多個，但比這更進一步的研究，卻在2000年前左右就止步了。

　　於是美國數學家們在大學的研究計畫下，開始利用「2的n次方（注1.）－1」的整數（梅森質數）來尋找質數，試圖找出繼1996年後更大的質數。

　　到了2013年，學者終於發現了更大的質數，這串質數即使用1毫米小的數字來書寫每1個數字，總長仍然可以排到17公里左右，位數之多，令人難以置信，但由於質數有

> 注1.「n次方」就是把某數連續乘以n次。例如2的3次方，就是
> 　　$2×2×2=8$。

尋找最大的質數

把2乘以32,582,657次再減1

共980萬8353位數

⬇

乘以37,156,667次再減1

共1118萬5272位數

⬇

乘以42,643,801次再減1

共1283萬7064位數

 2008年 ⬇

乘以43,112,609次再減1

共1297萬8189位數

 2013年 ⬇

乘以57,885,161次再減1

共1742萬5170位數

 ⬇

?????

無限多個，因此或許哪天，數學家又會發現超越這個數字的更大質數。

在自然界中，也有不少與質數相關的神奇現象。例如，你聽過13年蟬與17年蟬嗎？

在北美洲，有一種壽命長達13年，叫作13年蟬的蟬，以及壽命長達17年，叫作17年蟬的蟬。牠們一生中絕大多數的時間，都以幼蟲的型態在土壤中度過，然後各自在第

13年與第17年破土而出。

「啊！13和17都是質數！」有小朋友驚呼道。

沒錯。質數與蟬的蛻變，究竟存在著什麼樣的關聯呢？其實，蟬之所以選在第13年與第17年破土，目的是為了避開蟬的天敵——鳥類的生長週期。

假設蟬破土的週期是12年，那麼當蟬來到地面上，就一定會碰到每2年、3年、4年、6年所繁衍出的鳥類天敵。

但若是13年蟬，即便天敵的生命週期是2年，蟬與天敵也只會在13乘以2，也就是26年後才碰上；若天敵的生長週期是3年，就會在13乘以3，也就是39年後碰上。整理成圖表，就會變成下頁這個樣子。

像這樣，把對蟬而言可能會遇到危險的生命週期延長，就能降低蟬滅絕的風險。

如果a、b兩個相異的數都是質數，那麼a與b的最小公倍數就是a與b的乘積，數會比較大一點。

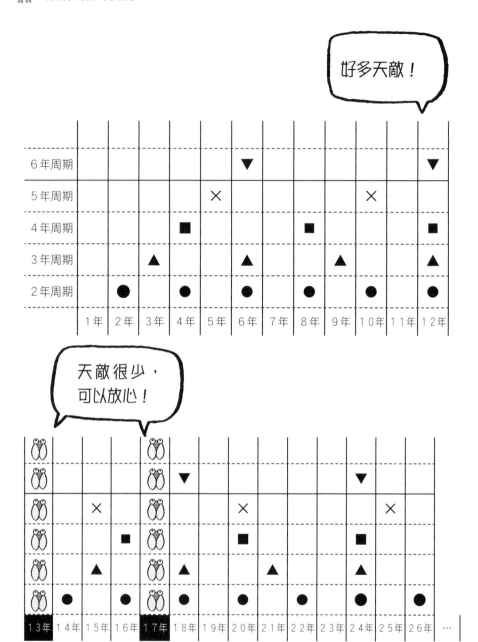

　　例如，若只考慮13年蟬與17年蟬這兩種蟬，雙方就會於13與17的最小公倍數──每221年同時破土。同時破土的週期非常長，這樣就能讓後代子孫長年平安。

　　可見蟬的壽命與質數存在著必然的關係，這樣的生存方式，正是蟬演化後所帶來的智慧結晶呢。

數學小提醒

1. 質數，就是除了1以外的自然數，如2、3、4等等，其因數只有1和自己的數字。

2. 所有的質數，除了2以外，剩下的都在1以外的奇數中。

3. 100以下有25個質數，100以上的質數，以2013年所發現的來說，它的位數寫下來有17公里長呢！

把數字排成圖形時，
會發生的有趣現象：
圖形數（三角數、四角數）

　　讓我們把圍棋的棋子像下圖一樣排成三角形，這時，棋子的數量會怎麼變化呢？

　　「最下面一排的數目會逐漸增加。」

　　沒錯。最下面一排的數目，會按照1、2、3、4、5⋯⋯的規則愈變愈多。那麼，要排出第4個三角形，一共需要多少棋子呢？

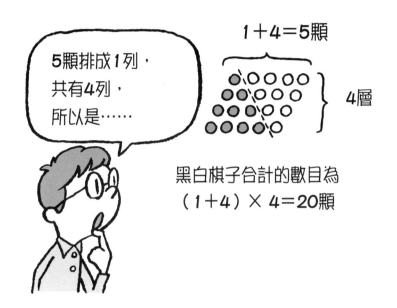

1＋4＝5顆

5顆排成1列，
共有4列，
所以是……

4層

黑白棋子合計的數目為
（1＋4）× 4＝20顆

「第4個三角形最下面一排的棋子數目是4，所以1＋2＋3＋4等於10顆。」

答得很好。另一個方法是像上圖一樣，利用數量相同但顏色不同的棋子，排出一個倒過來的三角形，接著再透過上面的方法來計算，這樣就能求出黑白棋子共有20顆，而一個三角形所需要的棋子數量，就是20除以2，也就是10顆了。

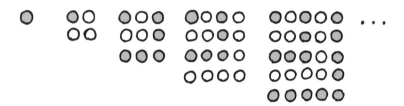

你看出來這些棋子都排成正方形了嗎？
像這樣可以排成正方形的數就叫做四角數（平方數）

　　像這樣求出棋子的數目，就會發現排三角形所需要的棋子數量，依序是1、3、6、10、15、21、28、36、45⋯⋯。由於以上數字都能排列成三角形，因此又稱為三角數。

　　三角數的結構是1＋2、1＋2＋3、1＋2＋3＋4⋯⋯依此類推，所以是自然數的和。

　　「既然有三角數，那應該也有四角數吧？」

	1	2	3	4	5	6	7	8	9
1	1	2	3	4	5	6	7	8	9
2	2	4	6	8	10	12	14	16	18
3	3	6	9	12	15	18	21	24	27
4	4	8	12	16	20	24	28	32	36
5	5	10	15	20	25	30	35	40	45
6	6	12	18	24	30	36	42	48	54
7	7	14	21	28	35	42	49	56	63
8	8	16	24	32	40	48	56	64	72
9	9	18	27	36	45	54	63	72	81

九九乘法表

這種舉一反三的想法非常棒唷。

如92頁上圖，能把棋子排列成正方形的數，就稱為四角數。四角數依序為1、4、9、16、25、36、49、64、81⋯⋯。

這串數列是不是好像在哪裡看過呢？沒錯，就是像上圖九九乘法表中，對角線圈起來的那一排，因此四角數還有另一個名稱，叫作平方數。

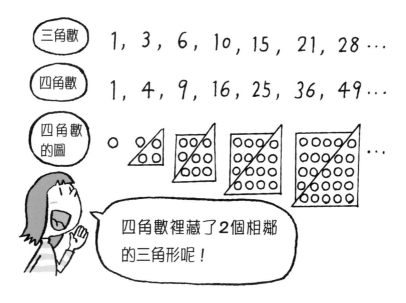

接著，讓我們把「三角數」和「四角數」並列在一起比較看看。

有小朋友告訴我，把兩個相鄰的三角數加起來，就會變成四角數。仔細觀察四角數的圖形，你會發現它剛好是兩個相鄰的三角數合起來的模樣。

把奇數按照順序加起來……

1
1 + 3 = 4
1 + 3 + 5 = 9
1 + 3 + 5 + 7 = 16
1 + 3 + 5 + 7 + 9 = 25
1 + 3 + 5 + 7 + 9 + 11 = 36

竟然變成平方數了！！

我們已經知道三角數是自然數的總和了，那麼如果把奇數合起來，又會變成什麼樣的數呢？

「奇數不能拆成兩半，加起來的數字感覺很複雜……」

讓我們按照順序來加加看吧！結果會怎麼樣呢？

「咦，每個都是平方數耶！」

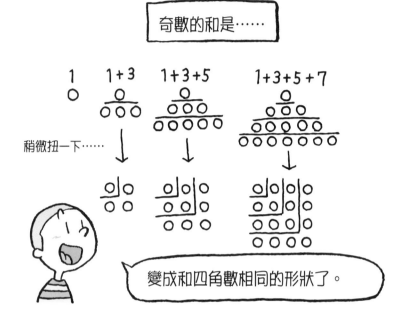

「為什麼會這樣呢？」

我們用圖形來思考看看奇數的和。

奇數和的形狀如上圖所示，把這個圖稍微扭一下後……形狀就跟四角數完全相同了。所以奇數和就是四角數，也就是平方數。

那麼偶數的和又如何呢？

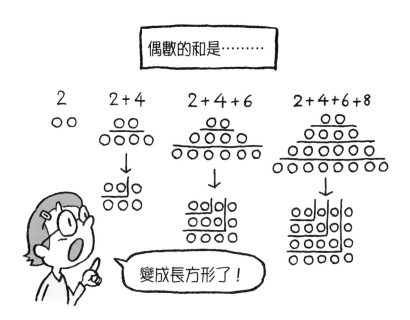

將偶數的和以圖案表示，結果如上。將這些圖案按照剛才奇數的和的方式變形，就會形成長方形而不是正方形。這樣的數稱為長方形數、長方數或矩形數。

自然數的和是三角數，奇數的和是四角數，偶數的和則是長方形數。

圓周的長度是直徑的幾倍？

　　右頁有一個正方形，讓我們一起滾動它。滾完1圈後，正方形會跑到哪裡呢？

　　「滾動的距離是邊長的4倍……」

　　正方形是四個邊等長的四角形，因此只要知道一個邊的長度，再將它乘以4，就能求出正方形的周長了。

　　接著，讓我們來滾動對角線的長度與正方形的一邊等長的正六角形。滾完1圈後，正六角形會跑到那裡去呢？做個記號看看吧！

滾動正方形……

周長是邊的4倍！

滾動六角形……

周長是邊的6倍！

把正方形和六角形重疊在一起……

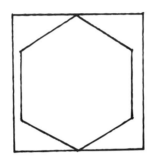

「不曉得正六角形的週長有多長。如果能算出正六角形一邊的長度，再乘以6倍……」

由於「正六角形的對角線與正方形的一邊等長」，因此將兩者重疊起來，就會如上圖。觀察圖案，就會發現正六角形滾動的距離會比正方形短。

「可是我還是不知道周長啊？」

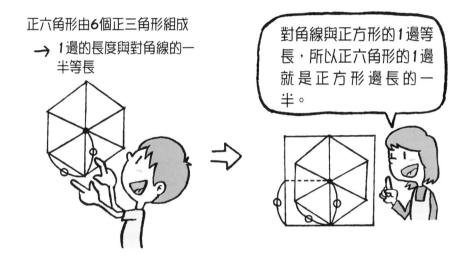

正六角形由6個正三角形組成
→ 1邊的長度與對角線的一半等長

對角線與正方形的1邊等長,所以正六角形的1邊就是正方形邊長的一半。

請看上圖。正六角形是由6個正三角形組成的,所以正六角形的一邊,就是對角線的一半。

「原來如此!所以正六角形的一個邊是正方形邊長的一半,那麼周長就是正方形一邊的3倍!」

這樣就能求出正六角形的周長相當於正三角形一邊長度的3倍了。

把正方形、正六角形、圓形重疊起來……

圓形比正六角形還要大！

會滾到哪裡呢？

　　再來，如果把直徑與正方形一邊等長的圓滾一圈，這個圓又會滾到哪裡呢？

　　「只要知道圓周的長度就可以了。」

　　圓的周長，稱為圓周，一起來動動腦，想想看圓周有多長吧！

　　「雖然我不知道圓周正確的長度，但我知道它比正六角形的周長還要長。因為把圓形和正六角形重疊之後……

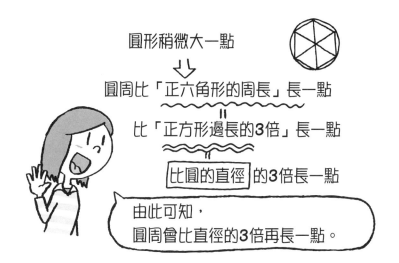

圓形稍微大一點

⇩

圓周比「正六角形的周長」長一點

＝

比「正方形邊長的3倍」長一點

比圓的直徑 的3倍長一點

由此可知，
圓周會比直徑的3倍再長一點。

你看，圓形會稍微大一些。」

　　圓形稍微大一點，代表圓形的周長比正六角形的周長
長一些，也就是比正方形的邊長乘以3又多一點，所以圓周
的長度就是直徑的3倍又多一點。

　　「其它的圓形也一樣嗎？」

　　觀察各種不同大小的圓形，來算算看圓的直徑與圓周
的比例，是不是剛好圓周長都是直徑的3倍又多一點呢！

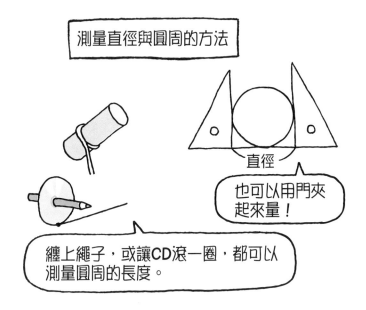

直徑可以透過三角尺來精確測量。

圓周則可以讓圓形滾動，或在上頭纏繞繩子，以此來測量其長度。

儘管多少會有誤差，但所有的圓形，圓周一定都是直徑的3倍又多一點，而這個3倍又多一點的數，我們就稱為圓周率。

　　當你正確測量出圓周率後，會發現這是一個無止境的數字：

　　3.1415926535 8979323846 2643383279 5028841971 6939937510 5820974944 5923078164 0628620899 8628034825 3421170679……

　　從很久以前，眾多數學家便不斷挑戰如何可以求出正確的圓周率。西元前三世紀時，阿基米德透過正九十六角形邊長的計算，得知圓周率會大於3.14085，小於3.14286。在日本江戶時代，關孝和算出了圓周率會比3.14159265359還小。如今則可以透過電腦，算出圓周率小數點以下的十兆位數。

數字的排列有哪些規則呢？
認識費氏數列與黃金比例

1, 1, 2, 3, 5, 8, □ …

　　右方有一排按照特定規則排列的數字。究竟8的下一個數字會是什麼呢？

　　提示是，不要只看單一的數字，也要仔細觀察前面和更前面的數。例如，2的前面是1，更前面也是1，換句話說，就是「1、1的下一個數字是2」。

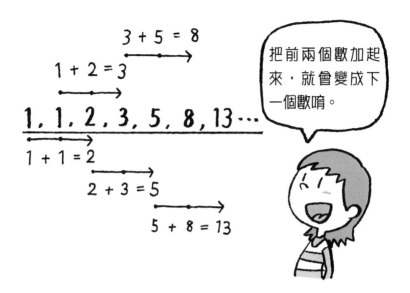

用這個方法來看，就會發現「1、2的下一個數字是3」、「2、3的下一個數字是5」、「3和5的下一個數字是8」。

相信你已經發現，5、8的下一個數就是13了。再下一個數是21。把前兩個數相加，就是下個數。

大家可能會以為，這只是一道加法的謎題，其實，這串數列的排列方式可不只是加法解謎而已，它還藏了一個很有趣的「祕密」在裡面。

找出費氏數列的祕密！

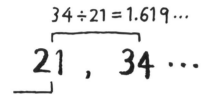

$$34 \div 21 = 1.619\cdots$$

$$21 , 34 \cdots$$

$$21 \div 13 = 1.615\cdots$$

「1、2、3、5、8……」依序類推，這種數字的排列方式，稱為「費氏數列」，是在距今約八百年前，由義大利數學家李奧納多・費波那契所研究出來的。

那麼，這串費氏數列中，到底藏了什麼樣的祕密呢？

讓我們再仔細觀察一次費式數列。

剛才，我們已經發現了「前兩個數字相加，等於下一個數字」的規則。其實，費氏數列還有許多不同的規則，讓我們來看其中一個吧。

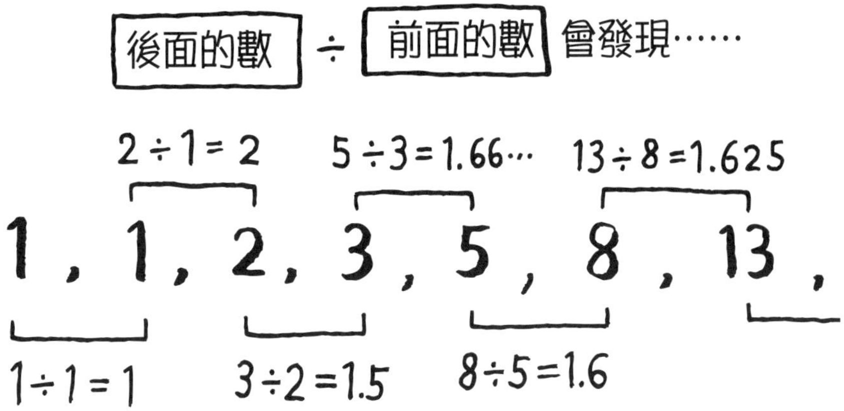

後面的數 ÷ 前面的數 會發現……

$$2 \div 1 = 2 \quad 5 \div 3 = 1.66\cdots \quad 13 \div 8 = 1.625$$

$$1, 1, 2, 3, 5, 8, 13,$$

$$1 \div 1 = 1 \quad 3 \div 2 = 1.5 \quad 8 \div 5 = 1.6$$

如上圖，將相鄰的數字相除，讓「後面的數÷前面的數」，會發現答案愈來愈接近某個數字。

這個數字，就是1.61803398……。你可能覺得這只是一串複雜的數字，其實，它還藏有一個祕密。

原來這串數字，就是大名鼎鼎的「黃金比例」。自古，人們便認為這是「最美的數字」，在以美著稱的「米洛的維納斯」與「蒙娜麗莎」等藝術作品中，都能發現這串數字的蹤影。

　　不只藝術作品，在日常生活中，我們同樣能發現這串數字，例如，名片、信用卡的長寬比，就是黃金比例。

　　自然界中也有黃金比例的蹤影，像是向日葵種子的數量，或是順著螺旋數鳳梨、松樹毬果的鱗片時，都能發現黃金比例。

　　究竟這是不是偶然呢？這些神奇的現象，似乎早已超越偶然的範疇了呢！

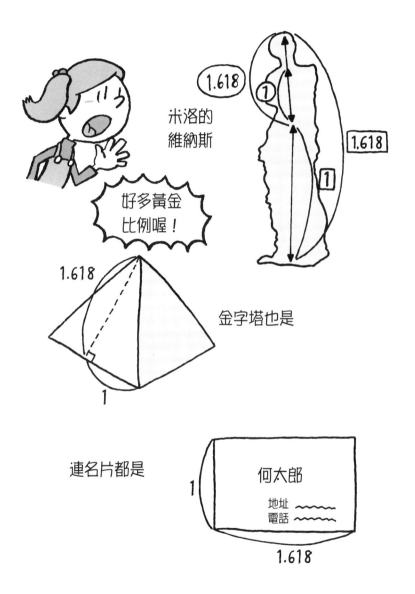

米洛的
維納斯

好多黃金
比例喔！

金字塔也是

連名片都是

1. 把前兩個數相加，就會變成下一個數，像1、2、5、8等，這種數字排列方式稱為「費式數列」。

2. 將「費式數列」相鄰的數字一一相除，讓「後面的數÷前面的數」，會發現答案愈來愈接近1.618……也就是「黃金比例」。

3. 我們的生活中隨時都能看見黃金比例的物品，例如：名片、圖畫紙、鳳梨的外皮鱗片、蜘蛛網等等。

第 3 課

好玩的應用題

大家一起分： 分配問題

大家每個月可以拿到多少零用錢呢？500元，還是1000元？我相信也有小朋友沒領零用錢，而且很懂事，不會向父母哭鬧。

假設現在要將2000元的零用錢，分給長男、次男、三男這三個人。長男比三男多拿了220元，三男比次男少拿了40元。那麼，長男一共得到了多少零用錢呢？

「既然是零用錢……那大概500元左右吧！」

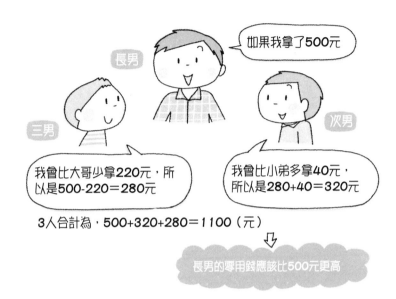

讓我們實際來算算看。假設長男得到了500元，弟弟們就會像上圖一樣，三男得到280元，次男得到320元。

3人合計為1100元，不足2000元。看來長男得到的零用錢，比500元還多。

那600元呢？雖然我們也可以像這樣，慢慢把數字增加再一一確認，但也可以換個方式，用圖例來整理看看。

把得到的零用錢，全部換算成10元硬幣排起來，就會

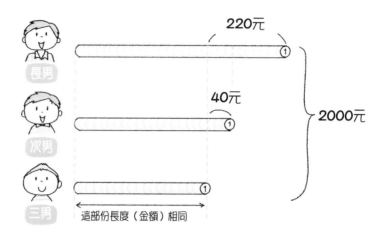

（2000元－200元－40元）÷3＝580元

如上圖。零用錢拿最少的是三男，所以三男的零用錢長度
最短。長男比三男多出220元，次男則比三男多出40元。

　　換言之，三男得到的零用錢，就是將2000元減掉220元
與40元，然後再除以3。計算出來的答案是580元。由於長
男比三男多拿了220元，所以長男的零用錢是800元。

　　最後再確認一次，3人的零用錢合計是不是2000元，就
大功告成了。

自我挑戰！

有120張色紙，要分給A、B、C3人。A比B多拿了15張，B比C多拿了6張，那麼B總共拿了多少張呢？

答案：37張

年齡比一比：
年齡問題

　　這次讓我們來看看年齡問題吧。有一對父女，爸爸今年41歲，女兒9歲，那麼多少年後，爸爸的年齡會變成女兒的3倍？

　　1年後，爸爸是42歲，女兒10歲。5年後，爸爸46歲，女兒14歲。這樣還沒到3倍唷。10年後，爸爸51歲，女兒19歲……咦？超過3倍了。

　　讓我們把這個問題同樣畫成圖表吧。先把現在的年齡

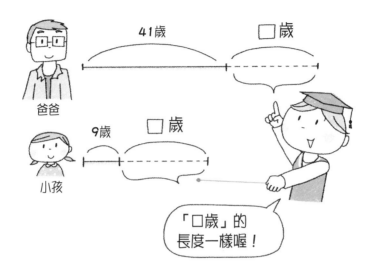

用數線畫出來，然後是爸爸和女兒增長的歲數。由於父女兩人每過1年都會增加1歲，所以增加的歲數是相同的，從數線圖上來看，這段線會愈來愈長。假設□年後，父親的年齡會是女兒年齡的3倍，那麼我們該補足□年份的線呢？……不知道。

　　那如果把□年份移到左邊，會不會比較好懂呢？讓我們來試試看吧。

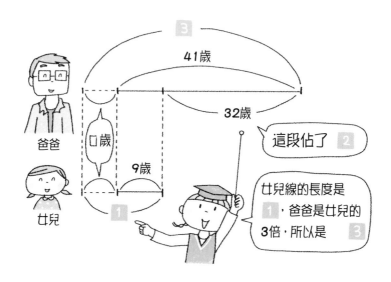

　　把□年份移到左邊後，會變成上圖這個樣子。年齡3倍，代表爸爸的線會是女兒的3倍長，讓我們先把比數的1、3寫上去。爸爸和女兒差了32歲，而32歲佔了比例中的2，所以1是16歲。也就是說，當女兒16歲時，爸爸的年齡就會剛好是女兒的3倍。

　　因為題目問的是幾年後，所以16還要減9，得到的答案就是7年後。

　　遇到這種「□年前」、「□年後」的問題時，只要將2人共通的部份畫成圖，對齊在左側，就很容易理解了。

自我挑戰！

有一對母子，媽媽32歲，小孩5歲。試問幾年後，媽媽的年齡會剛好是小孩年齡的4倍？

答案：4年後

同心協力，更快完成：
工作問題

大家刷過油漆嗎？

假設A和B都要漆牆壁，A必須花6天，B必須花12天，若2人同心協力，一起刷油漆，總共要多少天才能刷完？

2個人做一定比孤軍奮戰還快，所以天數應該少於6天吧？沒錯，大家一起做，可以更快完成。這道問題同樣可以畫成圖表，會更容易理解。

假設全部的工作量為1，A可以花6天把牆壁漆完，所以

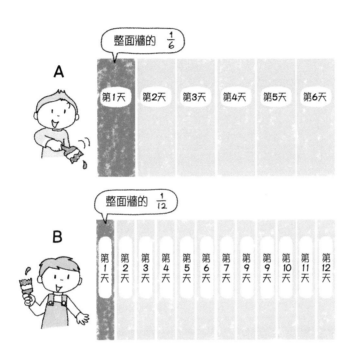

他1天能塗$\frac{1}{6}$面的牆；B要花12天，所以他1天能塗$\frac{1}{12}$面的牆。

　　那如果2個人一起刷呢？

　　$\frac{1}{6}$加上$\frac{1}{12}$是$\frac{3}{12}$（$\frac{1}{4}$），所以2人1天可以刷$\frac{1}{4}$面牆。畫成數線圖就會如下頁圖。

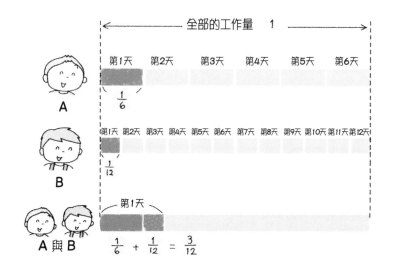

當 $\dfrac{1}{4}$ 變成1，牆壁就漆完了，所以4天就能結束。

像這樣，用1天、1小時、1份的方式，思考每「1」單位的工作量，就能知道全部的工作要多久才能完成了。

自我挑戰！

(1) A、B、C 3人要刷一面牆，A要花10天，B要花12天，C要花15天。若3人一起刷，需要花多少天？

(2) 現在要把某個水槽灌滿。用A水管要花10分鐘，用B水管要花15分鐘，若同時用A、B兩種水管灌水，要花幾分鐘？

答案：(1) 4天、(2) 6分鐘

哪些東西彼此相等？
認識比例與倍數

　　大家喜不喜歡看書呢？書可以告訴我們許多不曾經歷過的事情，對我們非常有幫助。

　　熱愛讀書的太郎正在看一本書，他看了整本書的 $\frac{1}{4}$，還剩下180頁，那麼，這本書總共有多少頁呢？

　　讓我們透過圖示來動動腦。右頁的數線圖是整本書全部的頁數，現在太郎讀了 $\frac{1}{4}$，還剩下 $\frac{3}{4}$，而這 $\frac{3}{4}$ 相當於180頁，因此太郎讀完的頁數，就是把180頁除以3，也就是60頁。

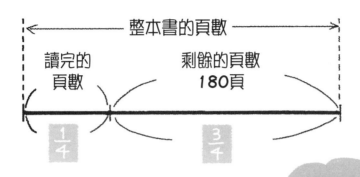

$\frac{3}{4}$ 是180頁

這是讀完的頁數

所以 $\frac{1}{4}$ 就是 180÷3＝60頁

總共180+60＝ 240頁

由此可知，整本書的頁數是60加上180，等於240頁。當然，用60×4＝240來計算，同樣可以得出答案。再來要算比較困難的問題了。

花子正在讀一本書，第一天她讀了整本書的$\frac{2}{3}$，隔天又讀了剩下的$\frac{3}{4}$，最後剩下27頁，請問她第二天讀了多少頁？整本書共有多少頁？

這次也讓我們來畫圖比較看看。

第一天她讀了「整本書」的$\frac{2}{3}$，所以剩下$\frac{1}{3}$。第二天讀了「剩下的」$\frac{3}{4}$。由於前後兩天的分母並不相同，所以讓我們像右頁一樣，用■和●來區別看看。

畫好數線圖後，會發現第二天「剩下的」$\frac{1}{4}$是27頁。如果你到目前為止都看得懂，那就可以像右圖一樣依序計算了。

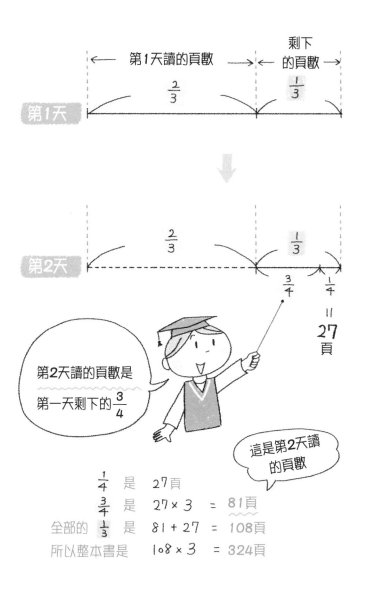

$\dfrac{1}{4}$　是　27頁

$\dfrac{3}{4}$　是　27 × 3　=　81頁

全部的 $\dfrac{1}{3}$　是　81 + 27　=　108頁

所以整本書是　108 × 3　=　324頁

第2天讀的頁數是81頁，所以整本書共有324頁。

在這個問題中，有時候基準量是「整本書」，有時候是「剩下的」。

只要用心把圖畫出來，知道以哪一種為基準時，就能算出各別的量又是多少了。

再來讓我們看看下列這題該怎麼算。

自我挑戰！

太郎用他身上所有錢的 $\frac{2}{5}$ 買了筆記本，之後又用剩下的 $\frac{1}{3}$ 買了原子筆，最後剩下180元。那麼太郎一開始擁有多少錢？

答案：450元

　　太郎與花子帶了相同金額的錢，一起去購物。太郎花了100元，花子用了300元，剩下的錢的比例是5：3。兩人一開始各擁有多少錢？

　　跟前面一樣，把圖畫下來應該就可以了吧？那讓我們一起來畫吧。

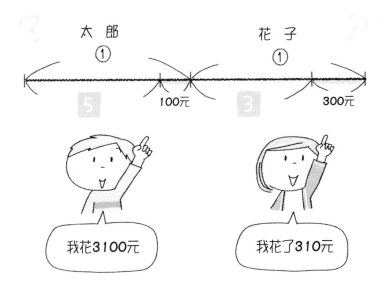

　　跟剛才一樣，讓我們畫一條線吧。兩個人持有的金額是相同的，所以要把線從正中間分開。太郎花了100元，花子用了300元，剩下的錢是5：3……，可是光這樣寫，還是很難懂耶。

　　有小朋友建議，可以把太郎和花子的線分開來畫。那麼讓我們來試試看吧！

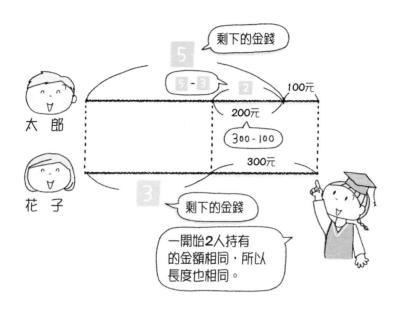

　　一開始兩人的金額相同，所以要畫兩條長度相同的線。再來要畫兩人用掉的金額，最後剩餘的金額是5：3。

　　兩人的差額是200元，從圖中可以看出，200元相當於2，也就是說1等於100元，太郎剩餘的金額是5倍，所以是500元。這樣就能求出兩人一開始持有的金額各是600元了。

再來讓我們思考看看2人金額不同時的情況。

太郎比花子多擁有300元。當太郎額外拿到90元，花子用掉50元，太郎所持有的金額，就會變成花子的3倍。那麼一開始兩人所持有的金額共有多少？

這次讓我們把兩人的線分別畫在上下兩側。由於兩人一開始持有的金額並不相同，所以太郎的線會比較長，多了300元。而太郎又拿到了90元，所以他的線又會再長一點。花子用掉了50元，所以線會比較短。最後太郎持有的金額，就會變成花子的3倍，如右圖。

我們可以從右圖中，得知兩人最後持有的金額差異是2。也就是說，50元與300元與90元相加所得到的440元，相當於2，而花子剩下的金額1就是220元。花子用了50元，所以她一開始擁有270元，再加上300元，變成570元，就是太郎所持有的金額。

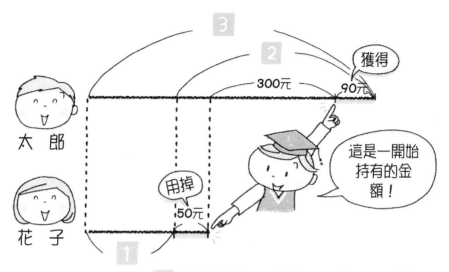

2 2是50元＋300元＋900元＝440元

1 1是440÷2＝220元

花子一開始持有的金額是200＋50＝270元

太郎一開始持有的金額是270＋300＝570元

即使兩人的金額不同，或是金額有增有減，只要把問題裡所寫的條件一次次畫成圖，就會很好理解了。

如果兩人得到或使用了相同的金額，就像117頁的年齡問題一樣，對齊左邊畫下數線圖，這樣就能一目了然了。

另外，像開始的閱讀問題一樣，要用分數來標示比例時，一樣也可以畫數線圖，再把與比例相當的頁數或金額清楚標示出來，這樣問題就能迎刃而解了。

自我挑戰！

太郎比花子多拿了12顆巧克力。如果太郎再多拿6個，花子吃掉3個，太郎所持有的巧克力，就會變成花子的4倍。那麼兩人一開始持有的巧克力各有幾顆？

答案：太郎22顆、花子10顆

把每次的差合起來：
差集問題

這次讓我們一起來看看差集問題吧。

兩個盒子裡各放了相同數量的草莓糖果與葡萄糖果，每次同時取出7顆草莓糖果與4顆葡萄糖果，連續數次後，盒中的草莓糖果已經沒有了，葡萄糖果則剩下15顆。試問草莓糖果和葡萄糖果總共被拿了幾次？原本這兩種糖果又各有幾顆呢？

「每次取出7顆草莓糖果，剛好可以拿完，代表草莓糖

7顆　　4顆

果的數量應該是7的倍數。」有小朋友說道。

　　原來如此。這樣的話，只要一一確認7的倍數，答案就呼之欲出了。可是，如果糖果的數量非常多，想用7的倍數去算出答案，算起來可就麻煩了。所以這時候，還是用圖案來整理吧。

　　草莓糖果與葡萄糖果的數量相同，所以要畫兩條等長的線。拿了□次後，就會變成下頁的圖。

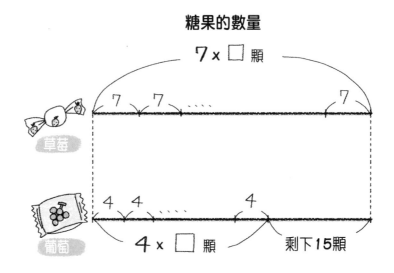

糖果的數量

7 x □ 顆

草莓

葡萄

4 x □ 顆   剩下15顆

　　首先，讓我們來思考一下，為什麼葡萄糖果最後會剩下15顆呢？

　　第一次拿出糖果後，盒子裡剩餘的糖果數量會產生什麼變化呢？

　　有小朋友說，葡萄口味變得比較多了。那麼到底多了幾顆呢？答案是把彼此取出的數量相減，7減4，也就是3顆。接著再取第2次，又會產生什麼變化呢？由於每取1

葡萄糖果與草莓糖果的數量差異

取1)次，　　　7顆－4顆＝3顆

取2)次，　　　3顆×2)次＝6顆

取3)次，　　　3顆×3)次＝9顆

　　⋮　　　　　　　⋮

取□)次，　　　3顆×□)次＝15顆

□等於　　　　15÷3＝5)次

次，葡萄糖果就會多出3顆，所以取2次，就會多出2倍，也就是6顆。至於第3次，就是1次的3倍，也就是會多出9顆葡萄糖果了。

　　像這樣拿了數次後，葡萄糖果就會多出15顆。這意味著，多出15顆，只要把15除以3，就會得出總共拿了5次的答案。

　　草莓糖果取5次就拿完了，代表盒子裡一開始的數量是是7顆乘以5次，也就是35顆。

　　讓我們來看另一道題目，一樣是把每一次的「差」集合起來的題目。

　　<u>花子</u>帶了若干元出門，這些錢剛好可以買下每個120元的餅乾□個，但她改成買80元的巧克力，結果比原本預計要買的餅乾數量多買了5個，而且沒有找零。請問她帶了多少錢出門？

　　這次也讓我們畫圖比較看看。由於帶去的錢一樣多，因此買餅乾和買巧克力時的2條線會等長。

　　什麼？你說跟一開始的問題不一樣，沒有差額？的確，這道題目沒有找零。除此之外，還有發現哪些地方不同呢？

　　巧克力可以多買5個，有小朋友說道。如果買巧克力時，購買的數量和買餅乾時相同，就會多出5個80元巧克力的零錢，也就是400元，如144頁上圖所示。

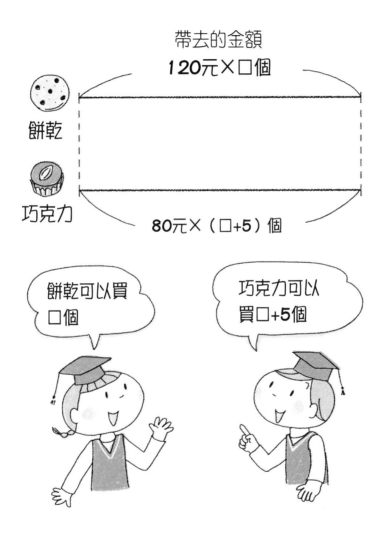

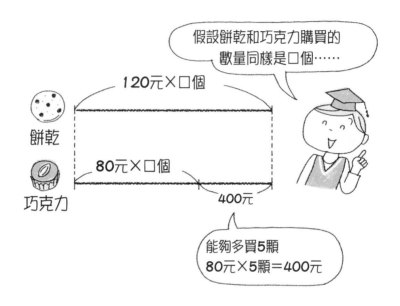

但是為什麼會剩下這400元呢？

因為巧克力比較便宜。有小朋友說道。

　　沒錯，買比較便宜的零食，就會剩下比較多的錢。跟買1塊餅乾時相比，買1顆巧克力，就可以省下40元。用同樣的方式來思考，就會如上圖。這麼一來，剩下的400元，就會是餅乾與巧克力差額的10倍。這代表120元的餅乾可以買10塊，一開始帶去的金額，就是120×10＝1200元。

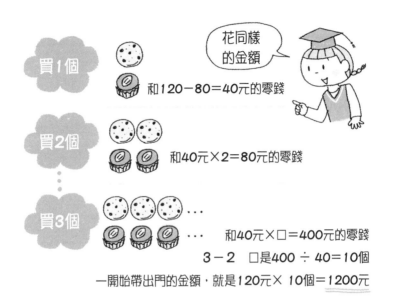

買1個　　和120－80＝40元的零錢

花同樣的金額

買2個　　和40元×2＝80元的零錢

買3個　　和40元×□＝400元的零錢

3－2　□是400÷40＝10個

一開始帶出門的金額，就是120元×10個＝1200元

　　像這樣多觀察差額，思考為什麼會產生差額，題目就
會變得很簡單了。

自我挑戰！

用原本可以買若干本1本200元筆記本的錢，改買1本160元的筆記本，結果比原本預定的多買了3本，並且沒有找零。請問一開始預定要買幾本？

答案：12本

注意超過與不足的部分：
過與不足

與差集問題一樣，同樣需要觀察差額的，還有這麼一道問題。

有好幾名小朋友，要分放入箱子裡的橘子。如果每人分4顆，會剩下15顆，每人分7顆，又會不足6顆，請問小朋友共有幾人？

讓我們把小朋友的人數標示成●，畫成數線圖看看。先把每人分4顆，和每人分7顆的情況個別畫成線，再把分4

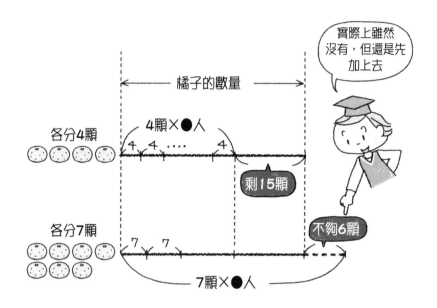

個時多出的15顆，按照至今為止的方式標示出來。

　　各分7顆的情況又會怎麼樣呢？

　　既然橘子「不足」6顆，就代表若還有6顆，每個人就可以分到7顆橘子。

　　雖然實際上沒有多出的橘子，但我們還是先在橘子數量的數線圖上，延伸出6顆的長度，如右圖所示。

　　這樣一來，你知道分給同樣多的人時，各分4顆，與各

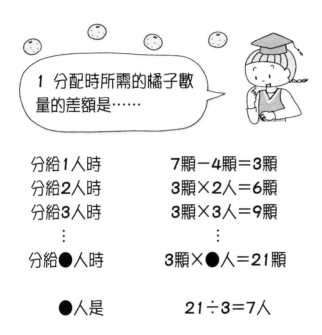

分給1人時　　　7顆－4顆＝3顆
分給2人時　　　3顆×2人＝6顆
分給3人時　　　3顆×3人＝9顆
⋮　　　　　　　　⋮
分給●人時　　　3顆×●人＝21顆

●人是　　　　　21÷3＝7人

分7顆，所需要的橘子差額了嗎？沒錯，就是把15顆加上6顆，一共21顆。

這21顆，是由每人分4顆，與每人分7顆時的差額，也就是3顆所累積上來的，所以把21除以3，就會知道總共要把橘子分給7個人。

要解開這道問題，同樣得從觀察差額、思考差額是如何形成的來著手。

自我挑戰！

現在要把色紙分給若干名小朋友。如果每人各分10張，會剩下39張，如果各分14張，則會不足9張。請問色紙共有幾張？

答案：159張

知道哪種動物各有幾隻嗎？
一起來算龜鶴同籠

　　大家知道鶴與烏龜嗎？鶴是在天空飛行的鳥，有2隻腳；烏龜會在地面爬或在水裡游，移動很緩慢，有4隻腳。這兩種動物都很長壽，在日本被視為吉祥的象徵。

　　現在有一道關於鶴與烏龜的數學問題。

　　籠子裡有烏龜也有鶴，加起來共9隻，腳的數量共26隻，請問籠子裡各有幾隻鶴與烏龜？

如果9隻全部都是鶴⋯⋯

腳的數量就是2×9＝18隻

但因為有26隻腳，
所以要用26－18＝8
不足8隻腳

　　如果籠子裡的9隻全部都是鶴，腳的數量一下子就可以算出來了。

　　由於鶴有2隻腳，所以腳的數量一共是18隻。

　　可是，全部的腳共有26隻，所以把26減去18，剩下的8隻，就是不足的部份。這代表，籠子裡的動物不全是鶴。

　　再想想看，如果把1隻鶴改成1隻烏龜，就會增加2隻腳，把2隻鶴改成2隻烏龜，增加的腳就會是2隻腳的2倍，

把1隻鶴換成烏龜，就會增加4隻－2隻＝2隻腳

把2隻鶴換成烏龜，就會增加2隻× 2隻＝4隻腳

⋮

把○隻換成烏龜，就會增加2隻×○隻＝8隻腳

○隻就是8÷2＝4隻

也就是4隻腳。

　　要湊到8隻腳，只要把8除以2，就可以求出4，所以烏龜有4隻。由於全部共有9隻，已知烏龜有4隻，因此鶴的數量就是9－4＝5隻。

　　像這樣，只知道合計的數量，而不知道兩邊各有幾隻時，先假設「全部都是●●」，用同一種動物來計算，就不會那麼困難了。

　　若是像這道題目一樣，詢問兩種動物個別的數量時，選擇任何一邊來計算都是可行的。如果只問其中一邊，那就用與題目問的動物相反的另一種動物來計算。試著回憶一下，「如果9隻都是鶴」，先算出來的就會是烏龜的數量。所以，如果想知道鶴的數量，那就用「如果9隻全部都是烏龜」來思考就可以了。

自我挑戰！

（1）烏龜與鶴合計共有83隻，腳的數量共有228隻。請問烏龜與鶴各有多少隻？

（2）有5元硬幣與10元硬幣，合計32枚，總額270元。請問有幾枚5元硬幣？

答案：（1）鶴52隻、烏龜31隻

　　　（2）10枚

2人會在幾分鐘後相遇？
有趣的速率問題

大家和朋友出遊時，都會事先集合對吧？一般而言，我們都會先決定時間、地點，然後會合，一郎和太郎卻不太一樣，讓我們一起來思考看看他們的問題吧。

一郎的家與太郎的家相隔2.1公里。他們各自從家裡同時出發，朝著另一人的方向前進。

一郎的分速是70公尺，太郎的分速是80公尺，兩人出發後經過多少分鐘會相遇？

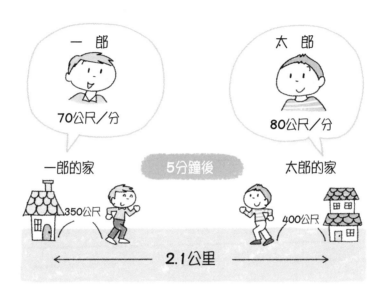

　　有小朋友説，希望5分鐘後就能遇到。是啊，早點碰面，就能玩久一點。但是，真的可以在5分鐘後就碰面嗎？

　　5分鐘後，一郎走了350公尺，太郎走了400公尺，彼此愈來愈靠近了。

　　可是，由於兩人之間的距離有2.1公里，也就是2100公尺，所以很遺憾，他們還是碰不到面。

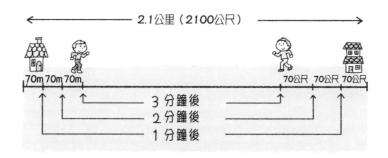

1分鐘、2人相距　70+80＝150公尺

2人相距2100公尺，150公尺×□分鐘＝2100公尺

□＝2100÷150＝14分鐘後

　　那10分鐘後呢？一郎走了700公尺，太郎走了800公尺，彼此又更靠近了，但依然碰不到面。

　　可是已經很接近了。有小朋友説道。

　　是啊，兩人的距離已經愈來愈短了。把1分鐘後、2分鐘後……兩人前進的距離記錄下來，就會如上圖。從圖中會發現，兩人間的距離愈縮愈短。至於每分鐘會縮短多少呢？答案就是把兩人的速率相加，也就是150公尺。

如果兩人要見面，只要把兩人間的距離，也就是2100公尺縮到0就可以，再將它除以150，就會得知14分鐘後，兩人會碰面。

那下面這一題又該怎麼算呢？

太郎以分速60公尺的速度朝學校前進，出發後過了6分鐘，媽媽發現太郎忘了帶東西，以分速90公尺的速度追上去。媽媽出發後過了幾分鐘，會追到太郎？

媽媽出發時，太郎已經先走了360公尺。媽媽出發後過了1分鐘，2人的距離縮短了30公尺（由90減60而來）。換句話說，每過1分鐘，媽媽與太郎的距離就會縮短30公尺。把一開始的距離360公尺除以30，就會求出媽媽12分鐘後會追上太郎。

若像一開始的問題一樣，兩人是面對面朝著彼此前進，那麼距離就會依照「兩人速度的和」來慢慢縮短。但若像第2題一樣，是朝同一個方向前進，並且往前追趕另一人，距離就會依照「兩人速度的差」來慢慢減少。

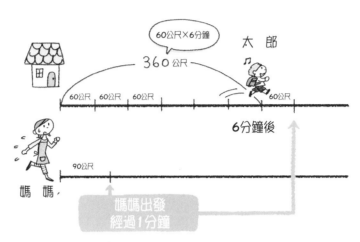

1分鐘會縮短90－60＝30（公尺）
所以360÷30＝12（分鐘後）就會趕上

　　兩人原本距離多遠，是面對面前進，還是追趕另一人，都是速率問題的關鍵。

自我挑戰！

一郎與花子從相距3.3公里遠的地方，朝著彼此同時出發。一郎騎腳踏車，分速160公尺，花子步行，分速60公尺。兩人出發後過了幾分鐘會碰面？

答案：15分鐘後

追著指針跑： 時鐘問題

大家的教室或家裡一定有時鐘吧？現在讓我們一起來看看時鐘問題吧！

3點10分時，時針與分針形成的較小角度是幾度呢？

先把題目指定的時間的時鐘畫下來，大致上如右頁的圖。可是，該怎麼求出角度呢？

時鐘的時針與分針，每分每秒都在移動，就像第159頁太郎與媽媽的問題一樣，彼此朝著同樣的方向，以不同的速度前進。

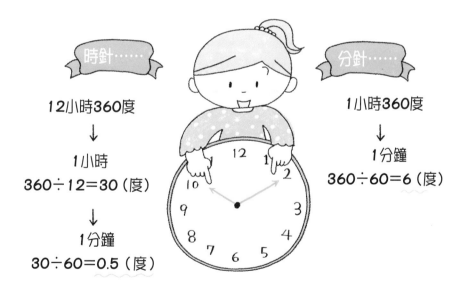

3點10分時……

較大角度　　這是較小角度

時針……

12小時360度

↓

1小時

360÷12＝30（度）

↓

1分鐘

30÷60＝0.5（度）

分針……

1小時360度

↓

1分鐘

360÷60＝6（度）

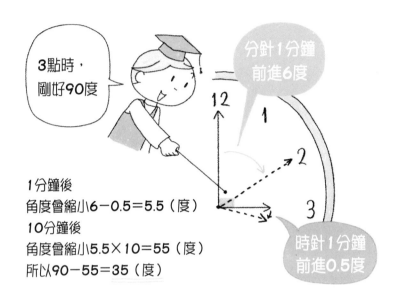

讓我們來思考看看，這2種針各別移動的速度。分針1小時轉1圈360度，所以1分鐘會移動6度。

時針12小時轉1圈360度，所以1小時移動30度，1分鐘移動0.5度。

時針與分針形成的較小角度，在3點時剛好是90度。接著，時針會以分速0.5度、分針以分速6度的速率前進。1分鐘後，時針與分針的距離（角度）會產生什麼變化？

3點40分時……

跟3點整時相比，分針比時針多移動了220度

　　愈來愈近？答對了。每過1分鐘，時針與分針的角度，就會縮減5.5度（用6度減去0.5度而來）。由於3點10分時，角度會縮減10倍，也就是減少55度，因此將90度減去55度，所得出的35度，就是時針與分針的較小角度了。

　　那麼，如果像3點40分這樣，分針超越時針的話，該怎麼辦呢？

　　基本的思考模式是相同的。每過1分鐘，分針就會比時

針多動5.5度，這點並不會改變。因此40分，就是40倍，也就是220度。

不過，由於3點起跑時，時針就已經偷跑90度了，所以還要將220度減去90度，才能求出答案130度。

計算時鐘問題時，務必以0分時，時針與分針的角度為思考基準，例如，若題目是9點20分，那就從9點整開始計算，若是2點30分，就從2點整開始計算。

自我挑戰！

以下時間時，時針與分針形成的較小角度各為幾度？
（1）9點20分
（2）5點40分

答案：（1）160度
　　　（2）70度

火車從眼前通過要花多少時間？
原來是通過問題

　　各位小朋友，你家附近有沒有平交道呢？在平交道前等火車通過的時間，隨著火車的不同而有長有短。這次就讓我們來看看火車的問題。

　　長度120公尺，時速54公里的火車，從站在平交道前的人的面前通過，需要花幾秒鐘？

　　由於火車速度很快，所以在標示火車的速率時，大多會使用「時速□公里」。但在這道題目中，由於火車的長

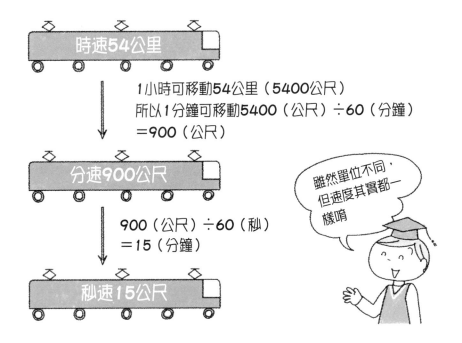

度是「公尺」，通過的時間是「秒」，所以不妨讓我們把
火車的速率先轉變成「秒速□公尺」。

　　利用上圖的方式來思考，就會知道時速54公里相當於
秒速15公尺。

　　接著讓我們來思考一下，「通過」的意義是什麼。只
要火車還在眼前，就代表它還沒通過。所以「通過」，就

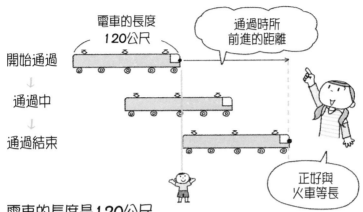

電車的長度是120公尺
以秒速15公里的速度前進，所需的時間是：
120÷15＝8（秒）

是像上圖一樣，從火車頭到火車尾，整輛車都開走，而移動的距離正好會跟電車本身一樣長。所以，想要計算火車從某人面前通過需要多少時間，只要求出用秒速15公尺要多久才能通過120公尺就可以了，答案是8秒。

接著，讓我們來看火車過隧道的問題。

長120公尺的火車，以時速73公里的速度前進。當這輛火車要通過160公尺的隧道時，需要花幾秒呢？

　　這題和前一題不同的地方在於隧道。火車要通過長長的隧道，肯定比剛才的題目還要多移動許多距離。畫成圖，就會如右頁。

　　從鑽入隧道開始到結束，火車總共移動了多少距離呢？答案是，隧道的長度加上火車的長度，也就是280公尺。只要花費相應的時間移動，就可以穿越隧道。把280公尺像右頁一樣，用換算成秒速□公尺的火車速率來除，就可以算出14秒的答案。

　　遇到這種要計算通過某物體需要花多少時間的問題時，只要先把需移動多少距離好好算出來，問題就能迎刃而解了，不過要特別注意單位的差別喔！

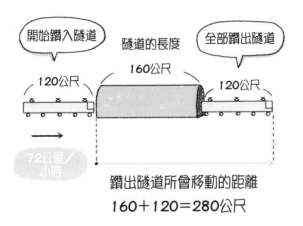

鑽出隧道所會移動的距離

160＋120＝280公尺

時速72公里時

1小時前進72公里（7200公尺）

1分鐘　　72000（公尺）÷60＝1200（公尺）

1秒鐘　　1200（公尺）÷60＝20（公尺）

所以秒速是20公尺

鑽完隧道所需要的時間

280公尺以秒速20公尺前進

280÷20＝14秒

自我挑戰！

長105公尺的火車正以時速90公里的速度前進，請問它通過長145公尺的鐵橋，需要花幾秒？

答案：10秒

同一條船的逆流與順流速度卻不一樣？解解看水流問題

看完火車，接著讓我們來看船的問題。

有一條船，在沒有水流的地方航行時，時速是7公里。若要在水流時速2公里的河裡溯溪而上，船的速度會變成時速幾公里？

船的速度應該不會改變吧？有小朋友問道。

大家有沒有在有水流的泳池裡游泳過呢？順著水流游起來特別輕鬆，反過來逆向划水，游起來就很辛苦了。

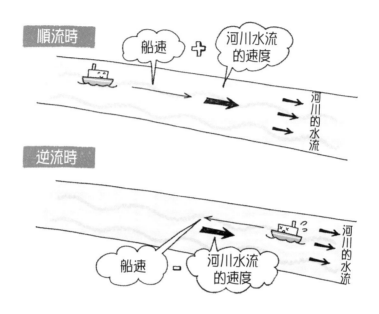

之所以會產生這樣的現象，是因為雖然我們想用同樣的力量游泳，卻無可避免地會遭受水流的干擾。

同樣的現象也會發生在船與河川上。順著河川的水流而行，船速就會加上河川水流的速度。相反地，在河流裡逆向而行，船速就會被水流的速度抵銷。

在這次的問題中，船是溯溪而上，因此扣掉河川水流速度後的5公里才是答案。

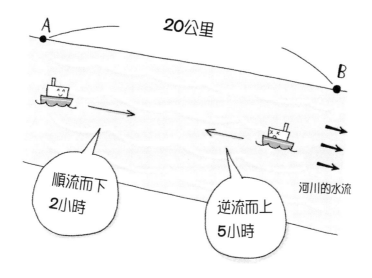

接著讓我們來看另一道問題。

有一條船，在流速一定的河川中，於A點和B點往返，逆流而上時要花5小時，順流而下時則花2小時，A點與B點相距20公里，請問河流的流速是時速幾公里？

跟一開始的問題一樣，船速會受到河川流速的影響。現在已經知道花費的時間與距離，所以速率很快就能算出來了。逆流而上時，將20公里除以5小時，時速就是4公

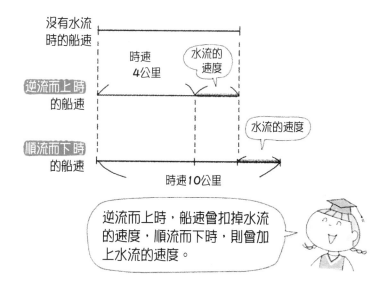

沒有水流
時的船速

逆流而上時
的船速

順流而下時
的船速

時速
4公里

水流的
速度

水流的速度

時速10公里

逆流而上時，船速會扣掉水流
的速度，順流而下時，則會加
上水流的速度。

里，順流而下時，將20公里除以2小時，時速就是10公里。

　　整理成數線圖，則如上圖所示。從圖裡可以看出，逆流而上與順流而下時，船速所相差的6公里，相當於2倍的流速，因此水流的速度，是時速3公里。從這裡就能推斷出，沒有水流時，船速是時速7公里。

自我挑戰！

有一條船，在流速一定的河川中，於A點與B點往返，逆流而上時要花10小時，順流而下時要花5小時。A點與B點相差40公里，請問河川的流速是時速幾公里？

答案：時速2公里

兩端是否種樹，會導致樹的棵數不同？來算植樹問題

　　大家上學通勤的路上，或家裡附近的馬路旁，是不是種了許多樹呢？這次，讓我們一起來思考植樹問題吧！

　　在100公尺的馬路上，每隔10公尺種1棵樹，若兩端都要種，一共需要多少棵樹？

　　「既然是每隔10公尺，那就把100除以10，所以是10棵。」有小朋友說道。

　　那麼，讓我們來看看右頁的圖，一起數數看吧。1、

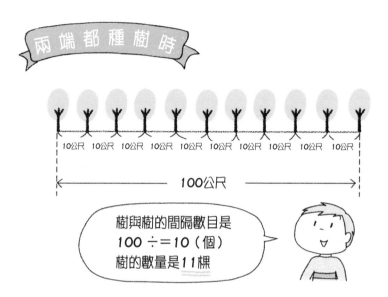

兩端都種樹時

樹與樹的間隔數目是
100 ÷ ＝10（個）
樹的數量是11棵

2、3……全部共有11棵耶。樹與樹的間隔，是100除以10，共10處。樹的棵樹，比這多了1。

　　接著讓我們來看看兩端都不種樹時，又會怎麼樣。這次會是10棵嗎？一樣把圖畫下來，就會如下一頁的圖。

　　這次，樹與樹的間隔同樣是100除以10，也就是10個，但樹的數量卻少了1棵，也就是9棵。整理起來，計算樹的棵樹時就會如下頁圖所示。

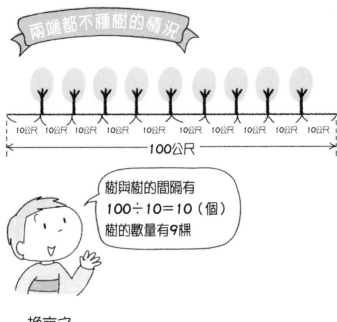

兩端都不種樹的情況

樹與樹的間隔有
100÷10＝10（個）
樹的數量有9棵

換言之……

☆ 兩端都種

樹的棵數 ＝樹與樹的間隔數＋1

☆ 兩端不種

樹的棵數 ＝樹與樹的間隔樹－1

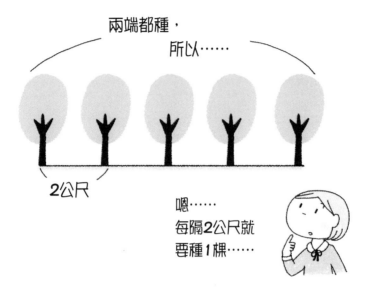

接著讓我們來看看下一題。

有一條馬路，每隔2公尺就種1棵樹，由於兩端都種，所以一共種了5棵樹。請問這條馬路有幾公尺？

這次的題目是問馬路的長度，所以只要把樹與樹的間隔2公尺，乘以間隔的數量就可以了。那麼，樹與樹之間究竟有多少個間隔呢？

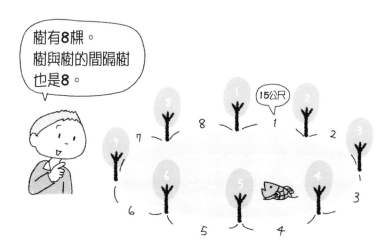

　　這次的問題是兩端都有種樹。樹與樹之間的間隔，比樹的數量少1，所以是4個。因此這條馬路的長度，就是2公尺的4倍，也就是8公尺。

　　到目前為止，我們都是用直線道路來思考，但是像水池、湖泊周圍等她，也經常會種樹。接著就讓我們用圓形來思考植樹問題。

　　有一座周長120公尺的水池，沿著池畔每隔15公尺種1棵樹，總共需要多少棵樹？

　　那麼兩端呢？有小朋友問道。由於這是池塘，即使形狀稍不規則，看起來還是圓形而圓是首尾相連的，所以沒有兩端。

　　讓我們畫成圖，來數數看。從圖裡可以發現，「樹的數量」與「樹與樹之間的數量」是相同的。

　　在這道問題中，120公尺包含了8個15公尺，這就是樹與樹的間隔數量，所以樹木也是8棵。

　　遇到植樹問題時，一定要謹慎思考兩端是否種樹唷！

自我挑戰！

（1）有一條直線，每隔5公尺就插1面旗子，總共插了130面。如果兩端也有插旗，那這條直線的距離是多少公尺？

（2）有一座週長480公尺的池塘，每隔30公尺就種1棵樹，請問總共需要多少棵樹？

答案：（1）645公尺

（2）16棵

找出規則來：
等差數列

這次讓我們一起來看看火柴棒的問題吧。

現在要用火柴棒排三角形。排好第1個三角形後，再加上2根，就能做出1個倒立的三角形，變成2個三角形；再添上2根，就會變成3個三角形。那麼，要做5個三角形，總共需要幾根火柴棒呢？

畫成圖應該很快就能算出來了吧？

畫完之後會如下頁圖，一共11根火柴棒。

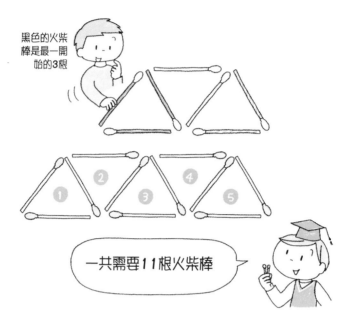

黑色的火柴棒是最一開始的3根

一共需要11根火柴棒

那麼，如果要乘以兩倍，排出10個三角形，一共需要多少根火柴棒？

只要再畫圖就可以了吧？可是一旦數量變多，畫圖就會變得很麻煩。既然5個三角形需要11根火柴，那10個應該就是2倍，總共22根火柴吧？還是每2根就可以再拼一個三角形，所以10個是20根火柴？

讓我們一起來數數看，從第1個三角形之後，每多1個三角形，需要幾根火柴棒吧。

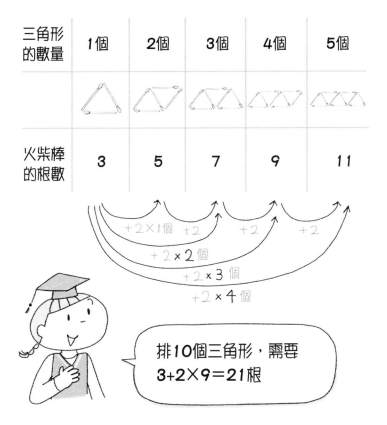

三角形的數量	1個	2個	3個	4個	5個
火柴棒的根數	3	5	7	9	11

+2×1個　+2　　+2　　　+2

+2×2個

+2×3個

+2×4個

排10個三角形，需要
3+2×9＝21根

答案如187頁的圖。火柴棒的數目會依序增加2根,只要將第一個三角形的3根,加上三角形個數減1乘以等差數目2,就能求出答案。例如,若要排出4個三角形,就將第一個三角形的3根,加上2乘以3個。

因此,要排10個三角形,只要等差數目2乘以9倍,再加上3,就可以求出答案21根了。

計算答案時,只要像這樣找出數目增加的規則,就可以不必把圖全部畫出來了。

自我挑戰！

（1）現在要用火柴棒排出如下圖般並列的正方形。若要排20個正方形，一共需要多少根火柴棒？

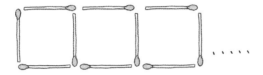

（2）現在要用火柴棒排出如下圖般並列的六角形。若使用了31根，總共可以排出幾個六角形？

答案：（1）61根

（2）6個

「為什麼分數的除法要倒過來乘呢？」

多數大人聽到這個問題，都回答不太出來，但他們知道，只要把分子與分母倒過來乘，就能求出答案，所以這樣的數學問題還難不倒他們。

至於小數，只要當作整數來計算，最後再調整小數點的位置就可以了。掌握了規則，計算本身其實並不困難，但要說明小數點的位置「為什麼要標在那裡」，就不是件容易的事情了。

要說明「為什麼」，就必須有條有理地思考，思考的過程非常重要。因為除了求出正確答案以外，唯有這個動腦的過程，才能幫助大家提昇思考能力。

讀這本書的人，一定會產生滿腹的「為什麼」。
這股思考的動力，將會在未來當您在生活中遭遇各種問
題時，發揮力量。當你覺得「好神奇、不知道為什麼」
時，就是思考的好機會。希望大家都能時常動動腦，提
昇自己的思考能力。如果這本書能幫助大家，讓腦袋更
靈活，那就是我的榮幸了。

築波大學附屬小學教師

中田壽幸

童心園　童心園系列 011

用故事的方式學數學
読書で身につく！算数のお話（なぜだろうなぜかしら）

作　　　者	中田壽幸
譯　　　者	蘇暐婷
審　　　定	何美貞、余蕙如　雙溪國小老師
總 編 輯	何玉美
副總編輯	李嫈婷
主　　　編	陳鳳如
封面設計	nicaslife
內文排版	菩薩蠻數位文化有限公司

出版發行	采實出版集團
行銷企劃	黃文慧・鍾惠鈞・陳詩婷
業務經理	林詩富
業務副理	何學文
業務發行	吳淑華・林坤蓉・張世明
會計行政	王雅蕙・李韶婉
法律顧問	第一國際法律事務所　余淑杏律師
電子信箱	acme@acmebook.com.tw
采實粉絲團	http://www.facebook.com/acmebook

I S B N	978-986-93933-9-3
定　　　價	300 元
初版一刷	2017 年 04 月
劃撥帳號	50148859
劃撥戶名	采實文化事業股份有限公司
	104 台北市中山區建國北路二段 92 號 9 樓
	電話：（02）2518-5198
	傳真：（02）2518-2098

采實出版集團
ACME PUBLISHING GROUP

國家圖書館出版品預行編目（CIP）資料

用故事的方式學數學 / 中田壽幸監修；蘇暐婷譯. -- 初
版. -- 臺北市：采實文化, 民106.04
　　面；　公分
ISBN 978-986-93933-9-3（平裝）

1.數學教育 2.中小學教育

523.32　　　　　　　　　　　　　105022869

"DOKUSHO DE MI NI TSUKU! SANSU NO
OHANASHI" supervised by Toshiyuki Nakata
Copyright © Toshiyuki Nakata 2013
All rights reserved.
Original Japanese edition published by Jitsugyo no Nihon
Sha, Ltd.
This Traditional Chinese language edition published by
arrangement with Jitsugyo no Nihon Sha, Ltd., Tokyo in
care of Tuttle-Mori Agency, Inc., Tokyo through Future
View Technology Ltd., Taipei.